KB208907

팀 켈러의 인생 베이직

태어남, 결혼 그리고 죽음에 관하여

팀 켈러의 인생 베이직

지은이 | 팀 켈러
옮긴이 | 윤종석
초판 발행 | 2025. 3. 5.
등록번호 | 제1988-000080호
등록된 곳 | 서울시 용산구 서빙고로65길 38
발행처 | 사단법인 두란노서원
영업부 | 02)2078-3333 FAX | 080-749-3705
출판부 | 02)2078-3330

책값은 뒤표지에 있습니다.
ISBN 978-89-531-5041-6 03230

독자의 의견을 기다립니다.
tpress@duranno.com www.duranno.com

두란노서원은 바울 사도가 3차 전도 여행 때 에베소에서 성령 받은 제자들을 따로 세워 하나님의 말씀으로 양육하던 장소입니다. 사도행전 19장 8-20절의 정신에 따라 첫째 목회자를 돕는 사역과 평신도를 훈련시키는 사역, 둘째 세계선교TIM와 문서선교단행본·잡지 사역, 셋째 예수문화 및 경배와 찬양 사역, 그리고 가정·상담 사역 등을 감당하고 있습니다. 1980년 12월 22일에 창립된 두란노서원은 주님 오실 때까지 이 사역들을 계속할 것입니다.

팀 켈러의

인생 베이직

HOW TO FIND GOD

태어남, 결혼
그리고 죽음에 관하여

팀 켈러 지음 윤종석 옮김

두란노

CONTENTS

On Birth
태어남에 관하여

On Marriage
결혼에 관하여

캐시 켈러 공저

On Death
죽음에 관하여

서문

삶은 여정이요, 그 여정의 기초는 하나님을 찾고 아는 데 있다. 결혼을 앞두고 있거나 아이가 태어나거나 또는 나이를 불문하고 죽음의 순간을 마주할 때면 으레 생각이 많아지고 깊어진다. 일상이라는 쳇바퀴에 매여 있던 우리도 그런 순간들만은 잠시 일상에서 벗어나 예부터 인류가 거듭해 온 중대한 질문을 스스로에게 던지곤 한다.

- 나는 무엇을 위해 살고 있는가?
- 인생에 찾아온 이 새로운 시기를 헤쳐 나갈 수 있을까?
- 나는 하나님 안에 바로 서 있는가?

인간에게 일어날 수 있는 가장 근본적인 변화는 성경이 말하는 거듭남요 3:1-8 즉 "새로운 피조물"이 되는 것이다. 고후 5:17 물론 이는 살면서 어느 때에나 벌어질 수 있는 일이지만, 대개 우리가 그리스도를 믿게 되는 결정적인 계기는 앞서 말한 지각변동 같은 시기에 찾아온다. 우리 부부가 45년을 사역하면서 보니, 많은 사람들이 특히 인생의 큰 전환기에 열린 마음으로 하나님과의 관계를 탐색했다.

삶의 중대한 변화를 맞이하는 이들이 '진정으로 변화된 삶'이 무엇인지 생각하도록 돕고 싶어 이 책을 마련했다. 인생에서 가장 중요하고 뜻깊은 순간들을 기독교적 기초 안에서 바라볼 수 있게 하는 것이 이 책의 목적이다.

책의 전체 흐름은 세상에 태어남과 세례로 시작해 결혼으로 넘어가 죽음으로 맺으려 한다. 이 책이 길잡이가 되어 당신에게 위로와 지혜를 더해 주고, 무엇보다 평생 하나님을 찾고 아는 길을 가리켜 보여 줄 수 있기를 바란다.

ON BIRTH
태어남에 관하여

‖ 우리 손주들에게.

너희가 세상에 태어났을 때
얼마나 기뻤던지.
하지만 너희가 거듭났음을 알았을 때는
그보다 훨씬 더 기뻤단다. ‖

1.

모든 인간, '부모'를 통해 태어나게 하셨다

생명을 맡은 부모와 교회의 사명

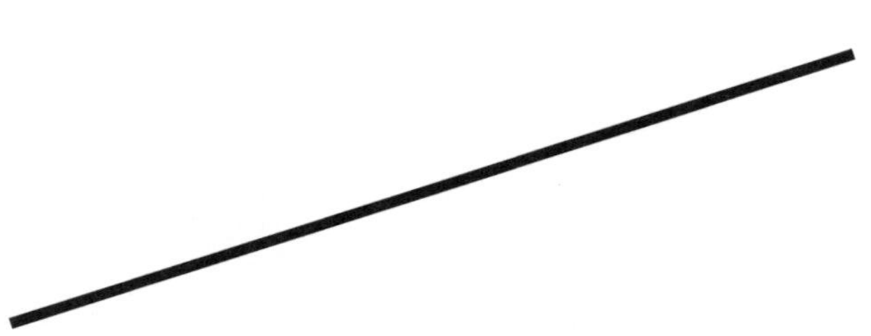

몸을 입고 태어남

거듭나게 하시고 영생하게 하시니.

찰스 웨슬리, 찬송가 〈천사 찬송하기를〉 중에서

기독교 신앙에서는 모든 사람이 두 번 태어나야 한다고 가르친다. 처음 날 때는 자연계에 태어나지만, 찰스 웨슬리가 노래한 것처럼 예수님이 친히 말씀하신 ‘거듭남’요 3:3을 통해서는 하나님 나라에 태어나 새로운 영적 생명을 받는다.

우리가 처음 세상에 태어남은 하나님이 우리를 창조하셨기 때문이고, 영적으로 다시 태어남은 그분이 우리를 구속하셨기 때문이다. 이렇게 주님은 양쪽 출생 모두의 주인이시다.

앞으로 이 두 번의 출생을 둘러싼 영적 쟁점 몇 가지를 살펴보려 한다. 하나님께 생명을 받아 인간으로 태어난다는 것은 어떤 의미인가? 가정과 교회는 신생아에게 어떤 책임을 져야 하는가? 첫 출생으로 맺어진 우리 자녀를 어떻게 하면 두 번째 출생[거듭남]에 이르도록 도울 수 있을까?

경이로움과 두려움

주님은 매번 사람을 직접 새로 창조하시지 않고, 남녀가 성적으로 연합함으로써 세상에 새 생명을 낳도록 고유한 능력을 우리에게 부여하셨다. 그래서 성경은 늘 갓난아기를 하나님이 복을 주신 징표로 보고 경이롭게 여긴다.

본래 하나님은 인류에게 "생육하고 번성하여 땅에 충만하라"고 명하셨다.[창 1:28] 물론 예수님과 바울의 예에서 보듯이, 하나님이 모든 사람에게 결혼을 명하시지는 않는다. 그럼에도 왜 우리가 갓난아기를 바라볼 때 하나님의 기적을 목격하고 있음을 절감하는지 창세기 1장 28절이 설명한다. 시편 127편 3절에서는 **모든** 자녀가 하나님의 "상급"이라고 말한다.

하지만 다른 면도 있다.

하나님은 세상에 영웅과 구원자를 보내실 때 불임이지만 아기를 갖고 싶어 하는 부부의 태를 통해 태어나게 하신 경우가 많다. 그렇게 해서 이삭과 야곱, 요셉, 삼손, 사무엘이 본래 임신하지 못하던 여인들에게서 태어났다. 그런데 얼른 봐도 알겠지만, "하나님의 선물"로 받은 이 자녀들이 하나같이 부모 마음을 심히 아프게 했다. 특히 야곱과 요셉, 삼손의 삶이 그랬다.

유명한 본문 시편 139편 13-16절을 보자. "주께서 내 내장을 지으시며 나의 모태에서 나를 만드셨나이다 내가 주께 감사하옴은 나를 지으심이 **심히 기묘하심이라** …… 내 형질이 이루어지기 전에 주의 눈이 보셨으며 나를 위하여 정한 날이 …… 주의 책에 다 기록이 되었나이다."

어느 성경학자의 말처럼 "하나님이 어머니 배 속에서 우리를 빚으신다는 사실은, 그분이 태아에게도 가치를 부여하시고 처음부터 우리를 어떻게 사용하실지 계획하셨음을 생생히 일깨워 준다."[1]

우리를 지으심이 "심히 〔두렵고도, NIV〕 기묘하심이라"라는 표현이 자못 흥미롭다. 세상에 태어나는 모든 아기는 경이로우면서도 동시에 두려운 피조물이다. 갓난아기를 바라보노라면 누구나 어느 정도 두렵고 떨릴 수밖에 없다. 이 새 생명은 창조주의 형상대로 지음받아 특유의 재능과 소명을 안고 태어났으며, 그 일생을 역사의 주인께서 계획해 두셨기 때문이다. 아이를 보며 가장 경이로움과 두려움을 크게 느껴야 할 사람은 바로 아이의 부모다.

출산 후 병원에서 우리 첫째를 집에 처음 데려오던 날 아내는 아이를 꼭 끌어안고 울었다. 아내의 말마따나 산후에 분비되는 호르몬 탓도 있었을 것이다. 하지만 한편 이 작디작은 아이가 장차 타락한 인류의 일원으로서 떠안아야 할 운명이 떠올라서이기도 했다.

물론 "그를 위하여 정한 날이 주의 책에 다 기록되어" 있었다. 하지만 그 책에는 우리 아이가 살면서 겪어야 할 실망과 상처와 실패와 고통과 상실 그리고 결국은 죽음까지도 들어 있음을 아내는 또한 알았다. 이 모두는 우리가 아무리 힘써 아이를 보호하려 해도 피할 수 없는 현실이다. 그래서 아내는 세상에서 가장 경이로운 존재를 양육해야 한다는 그 책임 앞에 말 그대로 떨었다. 그렇게 생각하니 나도 떨렸다.

아내는 다음과 같이 결론을 내렸다.

> 어느 엄마는 아이의 출생을 "가정의 지진"이라 표현했다. 너무도 바랐기에 더없이 기쁜 일이든 그렇지 않든, 첫째 아이든 열넷째 아이든, 건강하든 아픈 곳이 있든, 모든 새 생명은 존재 자체만으로 크고 작게 역사를 바꾸어 놓는다. 아기를 낳은 엄마는 수천 년을 거슬러 올라가는 단체의 일원이 된다. 그 안에는 고대 문화의 많은 여왕과 종과 13세 소녀도 있고, 아흔 살의 여인 성경에 나오는 이삭의 어머니 사라 도 있다. 나라와 부족과 언어와 민족마다 다 출산을 둘러싼 의식儀式이 있는 데는 그만한 이유가 있다. 출산은 없다가 **생겨난** 사람을 맞이하는 신비에 가까운 사건이다.

자녀, 복인가 짐인가

새 생명을 낳는 일은 인간이 할 수 있는 가장 대단

하고 경이로운 일이다. 특히 여성은 하나님의 창조 보조자로서 새 생명을 받아 양육하는 특권을 일임받았다. 여성이 부여받은 능력은 남성과의 성적 연합을 기꺼이 받아들일 때 발현되고, 그럼으로써 여태 존재하지 않던 새 생명이 꽃을 피운다.[2]

새 생명을 창조하는 일은 문명과 문화를 다방면으로 다음 세대에 전수할 뿐 아니라 이 세대를 사는 우리까지도 속속들이 변화시킨다. 그래서 이 일에 어쩌면 당신이 여태 경험해 본 적이 없는 수준의 희생을 해야 할 수도 있다.

그런데 이 엄청난 특권에 현대인들이 보이는 반응은 좋게 말해서 양가감정이다.

자녀를 경이롭게 느끼는 것까지는 몰라도 자녀를 낳고 키우는 일을 두려워하는 것만은 현대인들이 절감하는 부분이다. 오늘날 이 사회는 지속적으로 출생률이 낮아져 출생자 수가 사망자 수를 따라잡지 못할 정도가 되었다. 이른바 인구 대체 출산율현재의 인구 규모를 유지하는 데 필요한 출산율에도 못 미치고 있다.

이를 두고 진보 쪽에서는 경제적 이유 때문이라며 탓하고, 보수 쪽에서는 이기적 풍조가 만연해서라고 지적한다. 제니퍼 시니어가 쓴《부모로 산다는 것*All Joy and No Fun*》에서 이 주제를 잘 다루었다. 저자는 지나친 일반화를 신중히 삼가면서 현대인이 자녀 양육에 양가감정을 품는 여러 가지 이유를 열거하는데, 그중 두 가지가 두드러진다.

첫째, 현대 문화는 개인의 자율성과 자아실현을 전례 없이 강조한다는 점이다. 이 시대를 사는 우리는 직업, 성생활, 지리적 위치, 결혼 및 이혼, 출산 등에서 더 폭넓은 선택의 자유를 누린다. 저자는 "우리에게 많은 자유를 새로 안겨 준 역사 발전을 되돌리고 싶어 할 사람은 별로 없다"면서도 우리가 "정의하는 자유는 부정적 의미로, 즉 외부에 의존하지 않는 상태와 남에게 신세 지지 않을 권리로 변했다. …… 자신의 재산이나 시간을 사회에 빼앗기지 않는다는 뜻이다"라고 썼다.[3]

의무로부터 해방되는 것이 곧 자유라고 굳게 믿는 우리에게 "자녀 양육은 아찔한 충격이다." 이제 우리는 직장, 장소, 진로, 배우자 등 무엇이든 자신에게 만족이나 유익이 없다 싶으면 바꿀 수 있는 선택권이 있다. "그런데 자녀만은 우리가 선택하거나 바꿀 수 없다. 어떤 영속적 헌신도 요구하지 않는 문화에서 자녀는 우리를 속박하는 마지막 의무다."[4]

부모들이 느끼는 "아찔한 충격"을 지독한 이기심으로만 볼 수는 없을 것이다. 실제로 자녀 양육은 '관계'와 관련해 문화가 우리 안에 길러 놓은 모든 심리적 습성에 도전장을 내민다. 그런 습성을 고치기란 쉽지도, 간단하지도 않다.

오늘날의 부모 역할이 매우 양면적인 또 다른 이유는 자식을 키우는 데 쏟아붓는 재정과 정서 자본이 사상 최대라는 점이다. 오죽하면 자녀 양육 "자체가 사실상 직업이 되었을" 정도다. 다만 이 직업에 딱 하나의 문제점이 있으니 곧 "목표가 전혀 분명하지 않다"는 것이다. 부모들이 실제로 자녀에게 **하려는** 일은 무엇일까? 예컨대 "오늘날의 부모는 …… 아들딸이 심리적으로 만족하는 일에 잔뜩 신경을 쓰는데, 언뜻 보기에 이는 훌륭한 목표지만 의미가 모호하다."[5]

그나저나 "심리적 만족"을 누가 정확히 정의 내릴 수 있는가? 그냥 행복하다는 뜻인가? 잔인한 사람은 행복할 수 없을까? 그렇다면 자녀의 도덕과 선이 목표인가?

설령 부모들이 그것을 원한다 해도 현실적으로

현대 문화는 도덕 가치를 한사코 문화적 구성물로 치부한다. 그러면서 부모의 가치관을 자녀에게 주입할 것이 아니라 자녀 스스로 선택하도록 맡겨야 한다고들 이야기한다. 하지만 정말 그럴까? 자녀가 정직하지 않고 동정심이 없고 공정 거래를 무시하고 인내할 줄 몰라도 부모는 개의치 말아야 하는가? 이런 부분을 과연 자녀의 선택에만 맡겨도 되는가, 아니면 그렇지 않은가?

그리스도인에게는 이런 문제를 정확히 설파한 자원이 손안에 있다. 인간 본성에 대한 성경의 가르침을 아는 부모는 자녀에게 기대하는 바가 다를 수밖에 없다.

현대 아동 심리학은 필연적으로 항상 모종의 철학적 인간론을 전제로 한다. 보다 대중적인 비공식 민간 지혜도 마찬가지다. 즉 인간 본성을 보는 관점이 나머지 모든 것의 기초가 되는 것이다. 이런 인간관은 인간 스스로 선택해서 삶을 이어 나가는 능력을 긍정적으로 여길 수도 있고 비관적으로 여길 수도 있다. 또 인간 본성을 기본적으로 선하게 볼 수도 있고 구제 불능으로 악하게 볼 수도 있다.

그러나 성경의 가르침에 따르면 인간은 생각보다 훨씬 위대하면서 **동시에** 훨씬 악하다. C. S. 루이스의 〈나니아 나라 이야기*Chronicles of Narnia*〉 시리즈에서 주인공인 사자 아슬란이 인간 아이들에게 하는 말과 같다.

> 아슬란이 말했다. "너희는 아담 경과 하와 부인의 후손이다. 이는 가장 가난한 거지도 고개를 꼿꼿이 들 만큼의 영광이지만, 또한 지상 최고의 황제도 어깨가 축 처질 만큼의 수치이기도 하다. 그러니 자족하라."[6]

인간 본성을 이렇게 보는 기독교적 관점에 힘입어, 부모들은 아동 발달에 대한 많은 환원주의적 접근을 완전히 수용하지 않으면서도 거기서 배울 수 있다. '보수' 성향의 자료는 훈육과 한계 설정과 도덕적 가치 교육 같은 개념을 강조하는 반면, '진보' 성향의 자료는 자녀의 말을 경청해 주고 충분히 인정해 주며 스스로 질문하고 사고할 자유를 주라고 강조한다. 사람이 '하나님의 형상을 지닌, 타락한 존재'라는 기독교적 인간관은 인간 심성에 대한 이 모든 단순 논리식 관점을 받아들이지 않으면서도 거기서 배우고 일부 내용을 쓸

수 있다.

인간 본성을 바르게 아는 것 말고도 기독교가 우리에게 주는 자원은 훨씬 더 많다. 예나 지금이나 부모라면 으레 느끼는 여러 고충이 거기에 직접 언급되어 있다.

자녀를 하나님께 드리는 예식

자녀가 기쁨이긴 해도 그에 비례해 부모로서 느끼는 책임감 또한 어마어마할 수 있다. 그래서 베푸는 기독교 교회 성례 가운데 유아 세례가 있다.[7] 그리스도인이라고 다 유아 세례를 시행하지는 않지만 대다수는 어떤 식으로든 자녀를 공적으로 하나님께 드린다. 이는 유대교의 관습을 따른 것인데, 아기 예수가 태어났을 때도 요셉과 마리아가 아기를 데리고 예루살렘에 올라갔다. 이는 아기를 주께 드리기 위함이었다. 눅 2:22-23

부모가 세례를 통해 아이를 하나님께 드린다 해서 어린 자녀가 자동으로 구원받는 것은 아니다. 새 생명을 무無에서 창조하지 않으시고 남녀 사이의 연합을 통해 지으시는 하나님은 대개 두 번째 출생도 첫 번째 출생과 비슷하게 사랑의 관계를 통해 그리고 대부분 경우 가정을 통해 이루신다.

죄는 대물림되는 경향이 있어서 부모와 조부모의 약점이 우리에게도 나타난다. 그런 특성을 우리 쪽에서 싫어해서 온 힘을 다해 피하려 해도 말이다. 하지만 **은혜도** 대물림되는 경향이 있어서 사랑받고 믿음과 은혜의 좋은 본을 보며 자란 자녀는 스스로도 그런 것들을 추구한다.

아이가 세례를 받으면 부모에게 엄청난 도움이 된다. 세례식은 기독교 교회 공동체의 친구들에 둘러싸여 서약하는 공예배다. 현대인은 결혼식을 제외하고는 공적인 약속들을 사실상 폐기했다. 인성 형성에 영향을 주는 강력한 기제를 저버린 것이다. 가족들과 친구들의 면전에서 엄숙하게 맺는 약속은 우리를 빚어 줄 뿐 아니라 우리 머리와 마음과 의지 속에 영구한 각인을 남긴다.

유아 세례 때 부모는 구속력 있는 언약으로 선서한다. 우선 부모인 우리 자신이 은혜 안에서 자라 가기로 약속한다. 84쪽 3장 내용 참고 그래야 자녀가 우리에게가 아니라 우리 구주와 주님께로 이끌릴 수 있다.

또 우리는 자녀를 혼자 키우지 않고 교회 공동체 안에서 양육하기로 약속한다. 이 공동체는 하나님께 또 서로에게 다짐한 여러 약속으로 연합되어 있다. 대개 세례식에 동참하는 성도들은 우리를 돕고 우리 자녀를 함께 돌보겠다고 말로 함께 약속한다. 이렇게 공동체가 함께하기에 우리는 더욱 힘을 얻어 부모의 본분과 사명을 다할 수 있다.

세례로 아이가 구원받지는 못한다 해도 우리는 하나님이 이런 서약에 응답하여 하늘의 참은혜와 힘을 주시리라 믿는다. 우리 하나님은 약속을 존중하시는 언약의 하나님이시다. 시 56:12-13

유아 세례 때 부모가 하는 약속은 교단마다 다르지만 그중 내가 늘 눈여겨보았던 내용을 소개하겠다.

「 **부모의 약속** 」

*1 당신은 예수님을 믿고 구원받았습니까? 이 구원이 여태 당신이 했거나 앞으로 할 어떤 행위 덕분이 아니라 오직 그분이 다 이루신 일

즉 당신의 죗값을 대신 치르신 십자가의 죽음을 통해서만 가능함을 고백합니까?

*2 당신은 유아 세례가 구원의 조건이나 비법이 아니라 자녀가 언약 공동체의 일원이라는 의미임을 인정합니까? 당신은 자녀가 스스로 책임질 나이가 되면 그리스도를 구주와 주님으로 영접해야 함을 압니까?

*3 당신은 이 자녀를 하나님께 돌려 드리기로 그분과 언약했습니까? 섭리 가운데 하나님이 자녀의 생명을 도로 취하신다 해도 당신은 그분을 원망하지 않겠습니까? 자녀가 장성해 아주 먼 다른 나라에서 하나님을 섬기도록 부름받는다면 당신은 앞을 가로막지 않고 힘써 격려하겠습니까?

*4 당신은 이 성례를 통해 하나님께 다음과 같이 언약하겠습니까? 자녀를 주의 훈계로 양육하여 그분께 순종하며 예배하게 하고, 자녀를 위해 그리고 자녀와 함께 기도하고, 자녀를 늘 하나님 백성의 교제권 안에 두고, 사랑으로 가정에 충실하고 믿음의 경건한 본을 보이는 등 당신의

최선을 다해 자녀를 그리스도를 알고 구원받는 쪽으로 인도하겠습니까?

「 회중의 약속 」

* 회중의 일원으로서 여러분은 자녀를 기독교 신앙으로 기르려는 이 부모를 위해 기도하기로 약속합니까? 그들의 노력을 도와주기 위해 그들의 자녀에게 하나님을 섬기며 순종하는 본을 함께 보여 주겠습니까? 이 부모가 하나님께 받은 본분을 소홀히 할 경우 여러분은 아주 겸손하게 그들을 질책하고 바로잡아 주겠습니까?[8]

세속 문화가 심어 놓은 신념들

회중 앞에 공약하여 자녀를 하나님께 드린 부모는 자녀의 마음을 하나님께로 향하게 하고자 여러 면에서 애를 쓴다. 그런데 세속 문화는 이런 그리스도인 부모들을 여러모로 방해한다.

서구 사회의 문화 제도에는 인간 본성과 도덕에 대한 많은 신념이 전제되어 있으나 대체로 세상 사람들은 그게 신념인지조차 모른다. 문화를 지배하는 다음과 같은 각종 내러티브를 우리는 광고, 영화, 텔레비전 프로그램, SNS 등 수많은 매체를 접하면서 흡수한다.

- "자신에게 충실해야 한다."
- "자신이 행복한 일을 해야지 다른 사람이나 상황에 떠밀려 그 일을 희생해서는 안 된다."
- "남에게 해가 되지 않는 한 자기가 원하는 대로 자유롭게 살아야 한다."
- "아무도 남에게 옳고 그름을 따져 말할 권리가 없다."
- "각자가 믿는 진리대로 살면 된다."

이 같은 진술들은 제자도, 죄와 은혜, 하나님의 성품 등에 관한 성경의 가르침에 정면으로 배치된다. 즉 인간의 목적과 정체성을 말하는 현대 문화의 배후 신념에는 하나같이 논쟁의 소지가 많다. 그런데도 이런 메시지들이 재론의 여지가 없다는 듯 무조건 객관적이고 합리적이고 개방적이고 과학적인 진술로 제시된다. 사회 이론가들은 이런 현상을 일컬어 "신비화"mystification라 한다. 실은 논쟁의 여지가 있는 주장인데도 실재reality에 대한 가히 난공불락의 사실이라는 인상을 조장한다는 뜻이다.

〈뉴욕 타임즈 매거진*The New York Times Magazine*〉에 실린 성性에 관한 한 기사에서 단적인 예를 볼 수 있다. 글을 기고한 사람은 오랜 세월 전통 사회는 "지금 우리가 괜찮다고 생각하는 성적 쾌락을 변태로 단죄했다"고 주장한다.[9]

고대 문화는 그런 성생활이 "괜찮지 않은" 정도가 아니라 잘못되었다고 도덕적 판단을 내린 것이다. 그런데도 기고자는 "이제 우리에게 섹스에 관한 도덕규범은 없다"고 말하지 않는다. 사실은 그런 뜻이면서 말이다. 대신 그는 성에 대한 자신의 신념을 과학의 언어로 포장한다. 이 같은 신념은 다분히 고대 그리스-로마 문화의 신념으로 회귀한 것이다.

그리스도와 그분의 복음 쪽으로 자녀의 마음을

돌리고 싶다면 부모는 문화가 어떻게 세속 신념을 상식적 진리로 신비화하는지를 알아야 한다. 젊은이들은 날마다 SNS를 하면서 많은 시간을 들이는데, 거기서 각종 사연과 경험담과 영화와 동영상과 광고와 음악이 홍수처럼 쏟아져 나와 오늘날의 세속 세계관을 퍼뜨린다.

일주일에 한 번씩 자녀를 교회에 데려가거나 중고등부 예배에 보내는 것만으로 이 모두를 충분히 이겨내고 자녀를 사려 깊은 그리스도인으로 길러 낼 수 있다고 생각한다면 이는 오산이다.

십중팔구는 실제로 이런 일이 벌어진다. 즉 자녀가 겉으로는 여전히 성경에 기록한 내용을 믿는다고 고백하지만, 마음속 가장 뿌리 깊은 습성과 직관적 판단 기준은 성경과 무관해지는 것이다. 그러다 십 대 후반이나 대학 시절부터는 기독교에는 개연성이 없다는 의구심에 사로잡힌다.

이런 현실에서 부모가 할 수 있는 일은 무엇일까? 사회학자 제임스 D. 헌터는 미국 전역 학교에서 쓰는 "인성 함양" 교과 과정들을 연구했다. 교과 과정마다 학생들에게 정직, 정의, 친절, 관용, 지혜, 절제 등의 덕목을 길러 주려 한다. 그런데 헌터가 지적했듯이 모든 다양한 과목과 교재가 실제로 학생의 인성을 변화시킨다는 증거는 전혀 없으며, 이는 공립학교든 사립학교든 일반 학교든 종교 이념을 바탕으로 설립된 학교든 다 마찬가지다.[10]

그런 교과 과정은 하나같이 마틴 루터 킹 주니어를 정의라는 덕목의 본보기로 떠받들며 학생들에게 그를 본받도록 권장한다. 그런데 헌터는 마틴 루터 킹 주니어가 어떻게 그런 사람이 되었는지를 반문한다. 그는 흑인 교회라는 풍부하고 끈끈한 공동체의 산물이었고, 이 공동체가 사람들에게 준 것은 단지 윤리 기준이 아니라 "우주론"이었다. 이는 인간을 해방시키시는 출애굽기의 하나님 이야기를 통해 우주를 보는 관점이다. 교회에서 가르친 이 이야기는 그저 과거에 벌어진 사건의 감동적 기록이 아니라 역사 전체를 설명하는 이야기로, 오늘날에도 누구나 그 안에 들어가 살 수 있다.

요컨대 마틴 루터 킹 주니어를 빚어낸 것은 명확한 도덕관을 실제로 구현하고 실천했던 강건한 공동체였다. 그리고 이 공동체의 기초는 '세상이 어디서 기원

했고 인간은 누구이며 어디로 가는가'를 바라보는 일련의 신념이었다.[11] 물론 교실에서는 이 모든 것을 기를 수 없지만 가정에서는 가능하다. 일정한 교회 공동체에 몸담고 있는 가정이면 특히 더하다.

헌터는 이를 "도덕 생태계"moral ecology라 칭한다. 이 생태계는 자녀가 살고 있는 가정과 교회, 때로 학교 등 서로 강화해 주는 공동체들로 이루어지며, 특정 세계관과 이야기와 거기서 파생되는 도덕 가치를 그런 공동체에서 가르치고 설명하고 구현하고 일상생활에 적용한다. 인성을 형성하는 이런 공동체의 특징으로는 도덕 우주론과 지침서는 물론이고 도덕적 강화講話와 상상력과 본보기도 늘 빠지지 않는다.

부모가 가르치거나, 세상이 가르치거나

자녀가 사려 깊은 그리스도인으로 자라나 복음에 기초를 둔 도덕적 인성을 갖추려면, 그리스도인 부모가 자녀와 함께 그런 도덕 생태계에서 살아야 한다. 이 생태계를 신명기 6장 1-3절에서 엿볼 수 있다. 우선 첫머리에 인성 형성의 목표가 나온다.

> 이는 곧 너희의 하나님 여호와께서 너희에게 가르치라고 명하신 명령과 규례와 법도라 너희가 건너가서 차지할 땅에서 행할 것이니 곧 너와 네 아들과 네 손자들이 평생에 네 하나님 여호와를 경외하며 내가 너희에게 명한 그 모든 규례와 명령을 지키게 하기 위한 것이며 또 네 날을 장구하게 하기 위한 것이라 이스라엘아 듣고 삼가 그것을 행하라 그리하면 네가 복을 받고 네 조상들의 하나님 여호와께서 네게 허락하심같이 젖과 꿀이 흐르는 땅에서 네가 크게 번성하리라.

목표는 단지 윤리적 행위"그 모든 규례와 명령을 지키게 하기 위한 것"가 아니라 크신 하나님을 마음 깊이 경외하고 경탄하는 것"여호와를 경외하며"이다. 규칙을 따라 그저 행하기만 하는 것이 아니라 마음이 달라져야 한다. 하나님을 우리의 의미와 정체성과 소망과 행복의 궁극적 근원으로 삼는 내면의 변화가 필요하다. 이런 마음을 어떻게 기를 수 있을까?

도덕적 원칙은 그것들을 뒷받침하는 세계관, 즉 **도덕 우주론**에 바탕을 두어야만 통한다. 앞의 신명기 본문에 기록했듯이, 하나님의 계명에 순종하면 순종하는 우리의 날이 장구하고[신 6:2] 복을 받는다.[3절] 성경 속 하나님은 우리를 사랑하시는 창조주이시며, 그분과 이웃을 섬기고 알고 사랑하도록 우리를 설계하셨다. 그래서 창조주의 법에 순종하면 그분을 높일 뿐 아니라 우리도 그 설계대로 최상의 상태가 된다. 물고기가 뭍이 아닌 물속에 살고, 자동차 운전자가 자동차 관리 설명서에 따라 자동차를 다룰 때와 마찬가지다.

이 공동체에는 **도덕 지침서**인 성경도 있다. 그중 신명기는 모세가 하나님의 백성 공동체에게 전한 일련의 설교다. 하나님이 계시하신 십계명을 신명기 5장에서 상술한 모세는 6장에서 '이 말씀을 마음에 새기고 자녀에게도 부지런히 가르치라'고 말한다.[6-7절] 물론 기독교 교회는 신명기뿐만 아니라 성경 전체를 도덕적 지혜를 실천하는 지침서로 받았다.

이 공동체에는 헌터가 말하는 **도덕적 강화**discourse도 있다. 칠판에 도덕규범을 써 놓고 학생들에게 외우라고 시키는 것으로는 부족하다. 본문 말씀처럼 “집에 앉았을 때에든지 길을 갈 때에든지 누워 있을 때에든지 일어날 때에든지 이 말씀을 강론”해야 한다.[7절]

일상생활에 규범을 구체적으로 적용하려면 지혜로워야 하고 끊임없이 주의해야 한다. 날마다 수많은 선택의 기로에 설 때마다 이렇게 물어야 한다.

“이 상황에서 옳은 길은 무엇인가?”

그날 내린 특정한 결정이나 행동이 왜 예수님과 그분의 복음에 부합하는지 자녀와 대화를 나누어야 한다. 하나님의 명령이 한낱 추상적 신념이 아니라 그것을 자녀의 “손목에” 그리고 “미간에” 두어야 함을 자녀에게 알려 주어야 한다.[8절] 그리스도를 믿고 경험하는 대로 매일의 생각“미간”과 행동“손목”이 빚어진다는 사실을 가르쳐야 한다.

이 공동체는 **도덕적 상상력**도 활용한다. 알래스데어 매킨타이어가 쓴 고전 《덕의 상실*After Virtue*》에 보면, 예부터 품성을 심어 주는 데 가장 유용한 것은 도덕성을 다룬 이야기들이었다.[12] 더불어 소속 공동체의 과거 이야기들이 인성을 형성하는 데 가장 큰 효과를 발휘할 수 있다.

후일에 네 아들이 네게 묻기를 우리 하나님 여호와께서
명령하신 증거와 규례와 법도가 무슨 뜻이냐 하거든
너는 네 아들에게 이르기를 우리가 옛적에 애굽에서
바로의 종이 되었더니 여호와께서 권능의 손으로
우리를 애굽에서 인도하여 내셨나니 곧 여호와께서
우리의 목전에서 크고 두려운 이적과 기사를 애굽과
바로와 그의 온 집에 베푸시고 우리 조상들에게
맹세하신 땅을 우리에게 주어 들어가게 하시려고
우리를 거기서 인도하여 내시고 여호와께서 우리에게
이 모든 규례를 지키라 명령하셨으니 이는 우리가
우리 하나님 여호와를 경외하여 항상 복을 누리게 하기
위하심이며 또 여호와께서 우리를 오늘과 같이 살게
하려 하심이라.

신명기 6장 20-24절

보다시피 자녀가 "왜"인지 묻거든, 예컨대 "왜 거짓말이나 도둑질이나 간음을 하면 안 되나요?"라고 묻거든 도덕 철학을 강의할 게 아니라 내러티브를 들려주어야 한다. 선과 악이 싸우는 이야기가 논리를 주장하는 것보다 훨씬 더 상상력을 사로잡고, 심성을 빚어

내는 데도 더 효과적이다.

히브리서 11장은 아브라함, 야곱, 요셉, 모세 등을 신약에 약술한 소위 '믿음의 영웅전'이다. 그런데 꼭 알아야 할 것이 있다. 이들 성경 인물은 타문화에서 흔히 볼 수 있는 도덕적 귀감과는 다르다. 아브라함과 야곱과 다윗과 베드로 넷만 보더라도 모두 흠투성이였고 심각한 도덕적 실패를 되풀이했다. 우리 자녀에게 왜 이런 이야기를 들려주어야 할까?

복음이란 곧 자격 없이 하나님의 은혜로 구원받는다는 메시지이기 때문이다. 그리스도의 구원은 유능하고 성공한 강자의 몫이 아니라 자신이 그렇지 못함을 과감히 인정하는 사람의 몫이다.

성경이 우리에게 가리켜 보이는 것은 완전무결에 가까운 승리의 화신들이 아니라 연약한 부류다. 즉 하나님의 은혜를 받을 자격도 없고, 은혜를 구하지도 않으며, 막상 그분이 은혜를 베풀어 주셔도 감사할 줄을 모르는 부류다. 회개가 많은 사람일수록 은혜의 최대 수혜자가 된다.

바로 이런 이야기들이 복음의 원리와 능력을 아주 생생히 깨우쳐 준다. 기독교의 도덕 원리에는 예수님이 사랑으로 우리를 구원하신다는 복음의 역동이 함축되어 있다. 예수님의 희생으로 말미암은 은혜의 복음을 머리로만 아니라 마음으로 깨닫고 일상생활에 적용하면, 우리는 스스로 **원해서** 정의를 행하고 정직해지며 미워하고 다투던 사람과 화해하고 순결을 지키게 된다.

끝으로 도덕 생태계인 기독교 공동체의 특징은 **도덕적 본보기**에 있다. 자녀 양육의 본분을 두루 지시하던 모세가 우리에게 이런 말을 한다.

> 너희의 하나님 여호와께서 너희에게 명하신 명령과 증거와 규례를 삼가 지키며 여호와께서 보시기에 정직하고 선량한 일을 행하라.
>
> 신명기 6장 17-18절

이것이야말로 효과적인 인성 형성 공동체가 갖춘 가장 상식적인 요건일 것이다. 우리 자녀들은 복음에 기초한 도덕 가치와 성품이 주변 사람들 속에 실제로 구현되는 모습을 보아야만 한다. 그러므로 누구보다 부모 자신이 먼저 믿고 고백하는 대로 살아야 한다. 위선을 보이면 자녀는 부모에게서 멀어질 것이며, 정말 그렇게 돼도 당연한 결과다.

우리 부부는 우리의 평범한 양육에도 불구하고 우리 세 아들이 청소년 시절에 기독교 신앙을 아주 긍정적으로 보며 자랐음에 늘 감사한다. 뉴욕에 자리한 우리 교회에서 아이들을 둘러싸고 있던 이십 대와 삼십 대 초반 남녀 청년들이 자기 분야에서 성공했고 성품도 훌륭한 데다 깊이 헌신하는 신자들이었기 때문이다.

자녀 교육법을 다룬 책마다 단골로 등장하는 조언이 있다. 부모의 "가치관"을 주입할 게 아니라 자녀 스스로 가치관을 형성하도록 도우라는 것이다.[13] 그러나 여기 불변하는 사실이 있으니 광고업계나 SNS, 대다수 학교 교사 등 세상 모든 사람이 암암리에든 노골적으로든 "너만의 진리대로 살라"와 같은 사상으로 우리 자녀를 교화하려 한다는 것이다.

우리가 우리 자녀를 가르치지 않으면 반드시 다른 누군가가 가르칠 것이다. 우리가 도덕 생태계를 구축하여 그리스도를 닮은 자녀로 길러 내지 않는다면, 세상의 도덕 생태계가 우리 아이들을 함부로 빚어 버릴 것이다.

부모가 감수해야 할 마음의 칼

마리아와 요셉은 아기 예수를 주께 드리러 성전에 갔다가 시므온이라는 노인을 만났는데, 그는 성령의 감동으로 이 아이가 바로 오래전에 약속된 메시아임을 알아보았다. "이제는 …… 종을 평안히 놓아주시는도다 내 눈이 주의 구원을 보았사오니"눅 2:29-30라는 감탄에 이어 그는 마리아를 보며 이렇게 예언했다.

> 보라 이는 이스라엘 중 많은 사람을 패하거나 흥하게 하며 비방을 받는 표적이 되기 위하여 세움을 받았고 또 칼이 네 마음을 찌르듯 하리니 이는 여러 사람의 마음의 생각을 드러내려 함이니라.
>
> 누가복음 2장 34-35절

시므온의 말처럼 장차 예수님은 세상에 화평을 주시는 만큼이나 분쟁도 유발하신다. 자신이 하나님의 아들이라는 그분의 주장은 많은 사람에게 구원과 안식을 가져다주지만, 나머지는 이를 배격하기에 그분으로 인해 사람들이 서로 분열한다. 특히 마리아는 어머니로서 아들의 위대함을 보는 더없이 큰 기쁨뿐 아니라 체포되어 고문당하고 죽는 아들을 목격하는 애끓는 슬픔도 **같이** 겪는다.

물론 예수님이 부활하신 뒤에는 마리아도 아들이 당한 일이 모든 인류를 구원하기 위한 것이었음을 분명히 깨닫는다. 하지만 그때까지는 그녀의 경험도 세상의 모든 어머니, 모든 부모의 경험과 크게 다를 바 없다. 기쁨이 칼을 품고 있다.

어떤 의미에서 모든 사랑하는 관계에는 "마음을 아프게 하는 칼"이 따라온다. 참으로 사랑하면 당신의 마음이 상대와 하나로 묶이기 때문이다. 그 결과 둘의 행복도 하나로 묶이므로 상대가 행복하지 못하면 당신도 온전히 행복할 수 없다. 부모의 경우에는 자녀와의 이런 심리적 결탁이 본능적으로 이루어진다. 그래서 흔히들 말하듯이 "부모는 자신의 가장 불행한 자녀만큼밖에 행복할 수 없다."[14]

그러니 수많은 현대인이 출산을 포기할 만도 하다. 하지만 마리아와 요셉이 부모로서 고생하지 않고는 예수님이 세상에 복을 주실 수 없었듯이, 우리도 우리 마음을 아프게 하는 칼을 받아들이지 않고는 자녀

광고업계나 SNS, 대다수 학교 교사 등
세상 모든 사람이 암암리에든 노골적으로든
"너만의 진리대로 살라"와 같은 사상으로
우리 자녀를 교화하려 한다.
우리가 우리 자녀를 가르치지 않으면
반드시 다른 누군가가 가르칠 것이다.

의 새 생명으로 세상을 복되게 할 수 없다.

그러므로 자기연민과 염려에 빠질 게 아니라 각고의 기도로 그 칼을 감당해야 한다. 빌 4:6 아울러 우리에게 구원의 복을 베푸시려고 예수님이 실제로 못과 가시에 찔리시며 십자가에 달리시는 등 상상을 초월하는 대가를 치르셨음도 알아야 한다.

이것이 기독교가 부모들에게 주는 위대한 자원이다. 바로 그리스도의 모본인데, 그분이 보여 주셨듯이 생명을 양육하려면 늘 희생이 뒤따른다. 문명이 지속되고 사랑이 더하기를 바라는 사람은 새 생명에 따라오는 희생도 기꺼이 환영한다. 이 책은 바로 그런 사람들을 위한 것이다.

자녀를 하나님께 드리고 공동체 안에서 심성을 길러 주고 부모로서의 희생을 기도와 은혜로 감수하면, 당신의 자녀도 어느새 성령으로 '거듭나고' 싶어질 수 있다. 이 거듭남이 다음 두 장에 걸쳐 살펴볼 주제다.

2.

거듭남, '좀 더 나은 사람'이 아닌 '새사람'이 되는 것이다

내 안에 있는 모든 것의 재구성

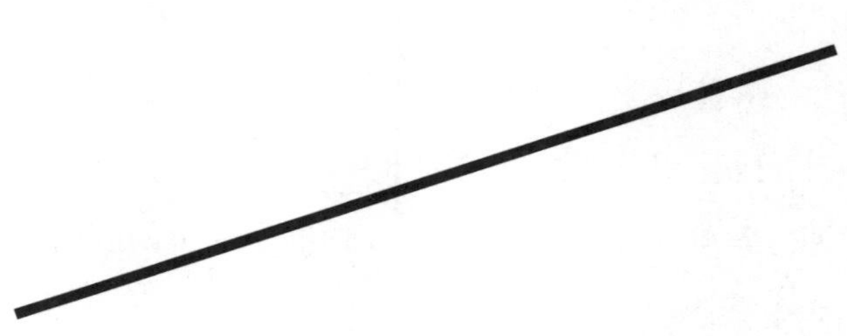

그런데 바리새인 중에 니고데모라 하는 사람이 있으니
유대인의 지도자라 그가 밤에 예수께 와서 이르되
랍비여 우리가 당신은 하나님께로부터 오신 선생인 줄 아나이다
하나님이 함께하시지 아니하시면
당신이 행하시는 이 표적을 아무도 할 수 없음이니이다
예수께서 대답하여 이르시되 진실로 진실로 네게 이르노니
사람이 거듭나지 아니하면 하나님의 나라를 볼 수 없느니라
니고데모가 이르되 사람이 늙으면 어떻게 날 수 있사옵나이까
두 번째 모태에 들어갔다가 날 수 있사옵나이까
예수께서 대답하시되 진실로 진실로 네게 이르노니
사람이 물과 성령으로 나지 아니하면
하나님의 나라에 들어갈 수 없느니라
육으로 난 것은 육이요 영으로 난 것은 영이니.

요한복음 3장 1-6절

요한복음 3장 1-6절은 성경에서 두 번째 출생 곧 거듭남을 언급한 가장 유명하고 중요한 대목이다. 이 본문을 바탕으로 거듭남에 관해 몇 가지 질문을 던져 보자.

누가 거듭나야 하는가?

거듭남은 어디서 오는가?

거듭남의 결과는 무엇인가?

어떻게 거듭나는가?

누가 거듭나야 하는가

'거듭난' 그리스도인이라는 말을 들으면 일반인은 무슨 생각이 들까? 대개는 특정 부류의 사람을 떠올린다. 우선 흔히들 보다 감정적이고, 카타르시스 경험을 추구하며, 찬송가를 부를 때도 손을 높이 들어 흔들고 싶어 하는 이들을 떠올린다. 이런 사람이 거듭남의 종교를 좋아한다는 것이다.

그런가 하면 도덕 체계를 절실히 필요로 하는 부류를 떠올릴 수도 있다. 이들은 중독이나 각종 문제에 빠져 허우적대느라 삶이 망가졌을 수 있고, 그래서 엄격하고 체계적인 종교와 그에 딸린 많은 절대 규율이 그들에게 유익할 수 있다. 이런 사람에게는 거듭남의 종교가 필요하다.

끝으로 미국 사회에서 '거듭난' 그리스도인이란 보수 진영의 정치 후보에게 투표하는 부류로 알려져 있다. 물론 현실은 그보다 복잡하지만 일반적으로는 그렇게들 생각한다.

요약하자면 거듭남이란 특정 기질이나 인생 경험, 정치 성향을 가진 사람에게만 해당한다는 것이 세간의 생각이다.

하지만 이 모든 견해가 틀렸음을 니고데모에게서 볼 수 있다. 요한복음 3장 본문을 보면 어느 밤, 예수님과 대화를 나누러 한 인물이 찾아온다. "바리새인", "유대인의 지도자"라는 짤막한 문구가 그에 대해 많은 것을 말해 준다. 이 두 가지 사실에서 몇 가지를 추론할 수 있는데, 우선 본문에서 말하는 지도자란 산헤드린 공회원을 뜻하므로 그는 나이가 지긋한 지배층 남성이었을 것이다. 또 바리새인이라 했으니 도덕성과 신앙심은 물론이고 수양까지 꽤 쌓았을 것이다.

요컨대 그는 감정적인 부류도 아니었고, 삶이 무너져 내려 도덕 체계가 더 필요한 사람도 아니었다. 오히려 도덕 체계의 화신이라 할 바리새인이었다.

그렇다면 그는 극보수의 부류였을까? 그렇게 생

각할 수도 있지만 요한복음 본문에 그려진 그의 파격적인 면모를 생각해 보라. 기득권층의 심장부를 차지한 그는 당대를 지배하던 문화 제도의 수문장이었다. 그런 그가 예수님께 왔는데, 그분은 랍비 학교 졸업장이나 정치적 자격을 갖추지 못한 노동자 계급의 밑바닥 출신이었다. 그런데도 니고데모는 정중히 "랍비여"라고 부르며 그분께 배우려 했다. 이로 보아 그는 아주 도량이 넓었을 뿐 아니라 남달리 생각이 열려 있었다.

요컨대 니고데모는 누구인가? 반듯하게 성공했으면서도 보기 드물게 개방적이고 포용력 있던 통 큰 사람이다. 그는 삶이 망가져서 도덕 체계가 필요한 사람도 아니고, 감정적이어서 카타르시스 경험을 요하는 사람도 아니며, 편견에 사로잡힌 보수 성향의 사람도 아니다. 그런데 **그런 그에게** 예수님은 "거듭나야 하겠다"고 말씀하신다.

그분은 "니고데모야, 너는 여러모로 아주 착한 사람이다. 이미 칭찬받을 게 많다만 거기에 몇 가지 실천과 의무만 더하면 하나님과의 관계를 바로잡을 수 있다"라고 하지 않으셨다. 오히려 그분의 메시지는 그가 했던 그동안의 어떤 행위로도 실제로 그가 하나님께 조금도 더 가까워지지 못했다는 것이다. 예수님은 "네가 우주의 왕과 관계를 맺으려거든 완전히 재창조되어야 한다. 너는 거듭나야 한다"라고 말씀하신다.

그러므로 예수님의 이 부르심은 역기능적 인간이 체계적 도덕과 종교를 받아들여야 한다는 의미일 수 없다. 오히려 이는 도덕과 종교 자체에 대한 **도전**이다. 니고데모로 대변되는 것이 곧 도덕과 종교이기 때문이다. 예수님은 거듭남이 특정 부류의 사람에게만 해당한다는 오만한 개념을 전복시키신다. 구원은 행위의 공로 덕분이 아니라 새로운 출생으로 말미암기에 누구든지 거듭날 수 있다.

예수님의 요지는 급진적이면서도 단순하다. 거듭나지 않고는 아무도 하나님 나라를 볼 수조차 없기에 모든 사람이 거듭나야 한다. 거듭남은 모든 사람에게 해당한다. 누구나 다 거듭나야 한다.

거듭남은 미래에서 오는 것

요한복음 3장 3절에 예수님은 하나님 나라를 보려

면 거듭나야 한다고 하셨고, 5절에도 하나님 나라에 들어가려면 거듭나야 한다고 하셨다.[1]

대화 상대가 유대인 바리새인임을 잊지 말라. 니고데모에게 "하나님의 나라"는 어떤 의미였을까? 종말에 이루어질 부활 즉 이사야가 예언했던 새 하늘과 새 땅을 의미했을 것이다. 사 65:17; 66:22 갈등과 역기능으로 분열되어 있던 팀이나 조직이 훌륭한 지도자 밑에서 하나로 화합하듯이, 하나님이 이 땅에 다시 오실 종말에는 그분의 왕권과 영광이 완전히 실현되어 만물을 회복시킨다.

많은 그리스 철학자가 역사는 끝없이 순환한다고 믿었다. 주기적인 일대 정화를 통해 세상이 불타서 깨끗해진 뒤 새로운 역사가 시작된다는 것이다. 이를 전문 용어로 "팔린게네시아"라 했으니 곧 세상이 다시 태어나는 거듭남을 뜻한다. 그러나 이 "거듭남"은 최종 상태가 아니라 반복이므로 역사는 매번 다시 쇠망할 수밖에 없었다.[2]

그런데 예수님은 마태복음 19장 28절에서 그리스 철학에서 사용하는 이 전문 용어를 기상천외한 의미로 변용하신다. "세상이 새롭게 되어 팔린게네시아; 앞에 **정관사**가붙어 있다. 인자가 자기 영광의 보좌에 앉을 때"를 말씀하신 것이다. 즉 그 철학자들이 틀렸다는 말씀이다. 장차 그분이 재림하여 다스리시면 세상이 정말 거듭나되 단번에 그 상태로 완성된다. 그저 만물이 끝났다가 다시 굴러가는 것이 아니라 모든 악과 죽음이 소멸되고 모든 고난과 눈물이 사라진다.

이것만으로도 물론 놀라운 주장이다. 그런데 디도서 3장 5-6절에 보면 바울이 새로운 출생에 관해 이렇게 말한다. "우리를 구원하시되 우리가 행한 바 의로운 행위로 말미암지 아니하고 오직 그의 긍휼하심을 따라 중생의 씻음과 성령의 새롭게 하심으로 하셨나니 우리 구주 예수 그리스도로 말미암아 우리에게 그 성령을 풍성히 부어 주사."

번역을 해서 한눈에 들어오지는 않지만 여기 나오는 "중생"거듭남의 헬라어 원어도 팔린게네시아다. 예수님이 거듭남과 하나님 나라를 연계시켜 암시하셨던 내용을 바울이 명확히 밝힌 셈이다.

모든 무한한 능력으로 세상을 새롭게 정화해 줄 하나님 나라는 역사의 종말에만 온전히 실현된다. 그러나 거듭나면 하나님의 그 장래의 능력이 지금 당신의 삶에 심겨진다. 하나님이 천지 만물을 치유하시고자 마지막 때에 드러내실 그 미래의 영광이 지금 당신의 삶에 조금이나마 실제로 들어올 수 있다. 그리고 그때부터 당신은 속속들이 변화된다.

그래서 거듭남은 어디서 오는가? 미래에서 온다! 놀랍게도, 시간 여행 이야기들에나 자주 등장하는 메시지가 이렇게 성경에도 들어 있다. 그런데 이 시간 여행만은 논픽션nonfiction이다. 거듭남이란 우리가 미래로 이동하는 게 아니라 미래가 우리 속으로 들어오는 것이다. 여행의 주체는 당신이 아니라 시간이다. 세상을 거듭나게 하시는 하나님의 능력이 지금 당신의 삶에 들어와 느리지만 확실하게 당신을 그분 아들의 형상으로 변화시켜 나간다. 롬 8:29

다 너무 추상적으로 들릴 수 있으니 아주 실제적인 사례를 하나만 살펴보자. 사람을 변화시키는 거듭남의 위력을 과소평가하지 말라. 베드로는 줏대 없는 겁쟁이였고 바울은 완고하고 가혹하고 잔인했다. 그런데 거듭난 뒤에 베드로는 사자처럼 용감해지고 바울은 목자처럼 자애로워져 둘 다 세상을 변화시키는 인물이 되었다. 그들이 원래부터 당신이나 나보다 더 유망해

거듭남이란

우리가 미래로 이동하는 게 아니라

미래가 우리 속으로 들어오는 것이다.

세상을 거듭나게 하시는

하나님의 능력이

지금 당신의 삶에 들어와

느리지만 확실하게

당신을 그분 아들의 형상으로

변화시켜 나간다.

태어남에 관하여

서 그랬던가? 아니다.

우리 삶에 거듭남을 통해 제거되지 못하거나 치유될 수 없는 것은 하나도 없다. 상처나 두려움, 죄책감이나 수치심, 약점이나 결함 등 그 무엇도 예외가 아니다.

새로운 감각을 받다

거듭남의 가장 중요한 특성은 거듭난 사람에게 나타나는 결과다. 예수님의 말씀에서 배울 수 있듯이 거듭남이란 새 생명을 얻는다는 뜻이다.

예수님은 요한복음 3장 5절에서 "물과 성령으로" 나야 한다고 말씀하신다. 많은 사람이 이 말씀을 우리가 구원받으려면 두 가지, 즉 믿음과 세례가 필요하다는 의미로 해석한다. 그러나 딱 하나를 두고 하신 말씀일 가능성이 훨씬 높다. 성경학자들은 예수님이 이때 에스겔 36장을 인용하셨다고 지적하는데, 거기에 보면 하나님의 영을 물에 비유한다. 건조한 사막 기후에서 물이 워낙 생존에 필수다 보니 사실상 물이 곧 생명이었기 때문이다.

요컨대 거듭나면 당신 안에 하나님의 생명, 다름 아닌 성령이 심겨진다. 이 말은 무슨 뜻인가? 신약을 두루 훑어본다면 당연히 할 말이 많겠지만, 여기서는 예수님이 쓰신 은유만을 이야기하려 한다. 즉 모태에서 태어나는 아이처럼 우리도 다시 태어난다는 은유인데, 여기에는 적어도 두 가지 의미가 암시되어 있다. 새로운 감각과 새로운 정체성이다.

첫째로 우리는 거듭날 때 새로운 감각을 받는다.[3] 예수님은 거듭나야 하나님의 나라를 "볼" 수 있다고 하셨다. 요 3:3

식물을 포함해서 모든 생명체는 나름대로 환경을 지각한다. 물론 인간에게도 오감이 있어 아기가 태어나면 빛과 소리와 촉감과 냄새와 맛 등 새로운 감각 경험이 쏟아져 들어온다. 그 규모가 실로 어마어마할 것이다.

이와 비슷하게 거듭남에도 새로운 영적 감각이 딸려 온다. 여태 이해할 수 없었던 하나님과 자신과 세상에 대한 진리를 지적으로 능히 깨달을 뿐 아니라 그런 진리가 마음에 완전히 새롭게 느껴지기까지 한다. 영적으로 살아 있다는 것은 곧 영적 실재를 지각할 수 있다는 뜻이다. 이제 당신에게 영적 시각과 미각이 주어졌기 때문이다.

이런 변화가 제일 먼저 확연히 드러나는 부분 가운데 하나가 성경 읽기다. 당신은 어렸을 때 교회와 주일학교에 다녀서 성경 내용을 꽤 아는 편이고 암송한 요절도 많을 수 있다. 그러나 거듭나고 나면 여태 놓쳤거나 머리로만 동의했던 성경 진리가 서로 척척 들어맞으면서 감동과 위로와 깨달음을 가져다준다. 전에는 경험하지 못했던 일이다.

"하나님은 당신을 사랑하십니다."

"하나님은 거룩하고 정의로우십니다."

"하나님이 당신을 지켜 주십니다."

이런 말을 이전에도 들어 보았고 명제로서 일부 동의했을 수도 있다. 그런데 이제 그것이 삶을 변화시키는 실재가 되어 당신의 일상생활과 행동을 빚는다. 상상도 못했던 함축된 의미가 문득 보이면서 이런 말이 터져 나올 수 있다. "잠깐만! 하나님이 정말 그런 분이시라면 내 기분이 왜 이렇지? 내 행동이 왜 이렇지? 더는 이러고 있을 필요가 없잖아!"

1800년대 초반 프린스턴신학교 최초의 신학 교수였던 아키발드 알렉산더는 그것을 이렇게 표현했다.

> 하나님이 이렇게 역사하시면 누구라도 **신성한 진리에 새로이 눈뜬다**. 그 속에서 영혼은 지금껏 **보지 못하던 것을** 본다. 지금까지는 개념조차 몰랐지만 하나님의 진리가 얼마나 아름답고 탁월한지를 알아본다.

알렉산더는 다만 이런 새로운 영적 "이성과 감성"이 거듭나는 모든 사람에게 해당된다 해서 그 시작과 과정이 전원 똑같으리라고 예단해서는 안 된다고 덧붙인다. 그는 "얼마나 또렷이 보이는지는 사람마다 다를 수 있고 깨달아지는 특정한 진리도 마찬가지다. 그럼에도 진리에 새로이 눈을 뜬다는 사실만은 모두가 일치한다"고 썼다.[4]

새로운 지각이 다 똑같은 방식으로 찾아온다는 주장은 어불성설이다. 변화는 극적일 때도 있고 서서히 진행될 때도 있다. 깨달아지는 특정한 진리도 거듭난 사람마다 늘 똑같지는 않다. 새로운 영적 감각이 작용하는 방식은 각양각색이다.

그래도 공통점이 꽤 있는데 그중 하나는 신자들의 이런 고백이다.

"평생 들었는데도 이전에는 무슨 말인지 통 몰랐

습니다."

특히 그들은 십자가에서 대신 죽으신 예수님의 사랑이 마침내 피부로 느껴지고 아름다워 보여 가슴이 뭉클하다고 고백한다. 사도 베드로는 베드로전서 2장 2절에서 "순전한 우유인 말씀을 갓난아기들처럼 사모하라"라고 말했다.[5] 종이 위 활자에 지나지 않던 성경 진리가 이제 당신이 즐기는 양식과 음료로 변해 당신의 일부가 된다.

여기 단적인 예가 있다. 오래전에 나는 교역자 위원회의 한 사람으로서 사역의 길에 들어서는 젊은이들을 심사한 적이 있다. 그리스도를 믿게 된 계기를 물어보면 그들은 하나같이 이런 식으로 답했다.

"저는 교회에서 자랐지만 은혜로만 구원받는다는 복음을 들어 본 적이 없습니다."

그러면서 결국 다른 사역 단체를 통해 복음을 들었다고 설명했다. 그렇게 후보마다 똑같은 답변이 나오자 함께 심사를 보던 어느 교회 담임목사가 중간에 이런 이야기를 들려주었다.

그도 교회에서 신앙생활을 하며 자랐고, 한때는 기독교를 공부하려고 몇 가지 교육 과정도 수료했다.

그 일환으로 마르틴 루터를 배우며 그의 유명한 갈라디아서 주석도 발췌해 읽었다. 그로부터 2년 후 그는 군복무 중에 군목에게서 복음을 들었다. 그때까지 그는 그리스도인이 되려면 예수님처럼 살려고 애써야 하며, 그렇게 지극정성으로 노력하면 천국에 가는 줄로만 늘 생각하고 살았다.

그런데 군목이 구원은 그리스도께서 우리를 위해 이루신 일, 즉 그분의 삶과 죽음과 부활로 말미암아 은혜로만 가능하며, 누구나 믿음으로 단번에 구원받을 수 있음을 가르쳐 준 것이다. 감사하고 기쁘게도 그는 군목의 도움으로 비로소 믿음의 첫발을 내딛었다.

이어 그는 왜 여태 아무도 자기에게 복음을 말해 주지 않았는지 모르겠다며 군목에게 이렇게 말했다. "마르틴 루터까지도 복음을 몰랐다니 어이가 없습니다."

군목은 어리둥절한 표정으로 왜 그런 말을 하느냐고 물었고, 그는 "루터의 갈라디아서 주석을 읽어 보았는데 그런 내용은 없었습니다"라고 답했다. 그러자 군목은 돌아가서 그 책을 다시 읽어 보라고 차분히 권해 주었다.

그 목사는 "다시 읽어 보니 정말 거의 모든 페이지

에 복음이 있었고, 내가 직접 밑줄을 치고 색칠까지 해 놓았더군요"라고 말했다. 그전에는 영의 눈이 감겨 미처 보이지 않았던 것이다. 그는 이렇게 말을 맺었다. "지금도 우리 교회에는 내 설교를 들으면서도 복음을 듣지 못하는 사람들이 있습니다. 거듭나야 '들을 귀'가 열리는데 아직은 그렇지 못하기 때문입니다."

새로운 정체성을 얻다

새로 태어나면 영적 시력과 감각만 아니라 정체성도 새로 얻는다. 이 또한 새로운 출생의 은유에 잘 들어맞는다. 아기는 가정에 태어나 이름을 받는다. 요한복음 1장 12-13절에 이런 말씀이 있다.

> 영접하는 자 곧 그 이름을 믿는 자들에게는 하나님의 자녀가 되는 권세를 주셨으니 이는 혈통으로나 육정으로나 사람의 뜻으로 나지 아니하고 오직 하나님께로부터 난 자들이니라.

"하나님께로부터 난" 사람은 이름이나 정체의 근거가 더는 혈통이나 육정에 있지 않다. "혈통"이 전통 문화의 신분이나 가문을 뜻한다면 "육정"은 현대 능력주의의 성취와 행위에 해당한다. 이와 달리 하나님께로부터 나면 그분의 자녀가 되는 "권세"와 특권을 받는다. 이 새로운 자아상과 자존감의 근거는 우리와 동화하신 하나님의 부성애에 있으며, 이 모두는 우리의 행위로 얻어지는 것이 아니라 그리스도께서 이루신 일을 통해 가능해졌다. 거듭날 때 우리는 바로 그분의 가족이 된다.

그것은 실제로 어떤 의미인가?

거듭남이란 단지 더 나은 사람이 아니라 새사람이 된다는 뜻이다. 바울의 말대로 "누구든지 그리스도 안에 있으면 새로운 피조물"이다.[고후 5:17] 이는 거듭날 때 우리가 실제로 전부 바뀐다는 뜻이 아니라 전혀 새로운 무엇이 들어와 여태 우리 안에 있던 모든 것이 이를테면 자리바꿈을 통해 재구성된다는 뜻이다.

바울이 말했듯이, 유대인이나 헬라인이나 남자나 여자나 종이나 자유인이나 다 그리스도 예수 안에서 하나지만[갈 3:28] 그렇다고 이런 구분이 폐기되었다는 뜻은 아니다.

신약학자 래리 허타도는 이렇게 썼다.

> (그리스도인의) …… 민족적, 사회적, 성적 구분은 완전히 상대화되었다고 보아야 한다. 민족이나 성별이나 사회적 계층과 무관하게 이제 모든 신자는 "그리스도 예수 안에서 하나"이기 때문이다. 그러나 …… 바울도 이런 구분이 실제로 없어졌다고 보지는 않았다. 예컨대 …… 그는 늘 자랑스럽게 "히브리인"과 "이스라엘 족속"의 후손으로 자처했다. …… 그러면서도 그가 역설했듯이 "그리스도 안에서"는 …… 이런 구분이 더는 이전에 작용하던 대로 신자를 **규정하는** 요인이 못 된다.[6]

요컨대 "새로" 태어난다 해서 당신의 성별, 국적, 사회적 계층 등 삶의 모든 다양한 특성이 사라지는 것은 아니다. 다만 그중 어느 것도 더는 당신이라는 정체의 주요인이 되지 못한다. 이제 당신의 의미와 안전과 자존감과 자아상은 거기에 주로 의존하지 않는다.

어떤 사람에게는 국적"나는 아일랜드 사람이다"보다 직

업"나는 성공한 변호사다"이 정체감의 더 중요한 요인일 수 있다. 반면에 다른 아일랜드인 변호사에게는 국적이 자부심과 의미가 생기는 더 큰 출처일 수 있다. 이 경우 동종 업계 종사자보다 동족에게 더 연대감을 느낀다. 그런가 하면 삶의 의미를 주로 사회 참여에서 찾는 사람도 있다. 이 경우 더 동질감과 긍지를 느끼는 대상은 국적이나 직업이 같은 사람이 아니라 같은 정의를 지향하는 정치 활동을 하는 사람이다.

어쨌든 셋 다 각기 가장 자랑스러워하는 무언가가 있어, 그 덕분에 스스로 괜찮은 사람으로 자부하며 자신의 삶에 정당성을 부여한다. 그리스도 안에 있으면 바로 이 부분이 달라진다. 정체성의 다른 요인은 다 혈통이나 육정에 해당한다. 그래서 자신이 추구하는 기준에 부합하지 못할까 봐 불안해질 뿐 아니라 나와는 정체성이 다른 이들을 편협하게 냉대하는 경향마저 생겨난다.

그러나 복음은 완전히 다르다. 우선 유독 복음만이 자아를 바로 알게 하여 변화를 낳는다. 복음에 따르면 우리는 완전히 길을 잃고 하나님을 기쁘시게 할 수 없어 예수님이 우리를 위해 죽으셔야 했는데, 그분은 우리를 지극히 사랑하시기에 기꺼이 그 죽음을 받아들이셨다.

십자가에서 우리 죄가 그분께 전가되었다. 우리의 인생 이력에 걸맞은 당연한 결과를 그분이 당하셨다. 그래서 그분을 믿으면 그분의 의가 우리에게 전가된다. 그분의 인생 이력에 걸맞은 당연한 결과를 우리가 받는다. 고후 5:21 이제 하나님은 "그리스도 안에서" 고전 15:22 우리를 사랑하신다. 마치 그리스도께서 하신 모든 일을 우리가 한 것처럼 보신다. 하나님은 그 아들을 사랑하심"같이" 우리를 사랑하신다. 요 17:23 이것이 우리의 정체성과 의미와 자아상의 가장 근본적인 기초가 된다. 우리의 나머지 모든 면은 중요도가 낮아질 뿐이지 없어지지는 않는다.

여기서 언뜻 그리스도인도 기독교의 진리를 공유하지 않는 이들을 편협하게 경시하지 않겠느냐는 생각이 들 수 있다. 하지만 이는 복음의 진리를 망각한 처사다. 복음에 따르면, 우리는 죽어 마땅한데 순전히 은혜로 구원받는다. 자신이 영적으로나 도덕적으로 누구보다도 낫지 못하다는 사실을 마침내 인정하는 사람만이 구원받는다.

은혜로 말미암는 구원은 우리를 낮출 뿐 아니라 동시에 높여 준다. 야고보서 1장 9-10절에 보면 경제적으로 가난한 그리스도인은 "자기의 높음을 자랑하고" 부자이거나 유복한 신자는 "자기의 낮아짐을 자랑할지니"라고 했다. 이 말씀을 조금 살펴보자.

보통 정체감은 성과에 따라 오르락내리락한다. 최고의 자부심을 민족이나 가문에서 찾는다면, 그 집단에 속한 타인이나 본인의 행위가 전체를 명예롭게도 하고 욕되게도 한다. 어떤 때는 잔뜩 우쭐해지다가 어떤 때는 굴욕감에 젖는다. 정체감의 근거를 개인의 성취에 둔다 해도 기복을 타기는 마찬가지다.

그러나 복음을 받아들인 그리스도인에게 주어진 메시지는 이렇다. 우리 자신은 죄인이라서 정죄당해 마땅하지만 그리스도 안에서 온전히 무조건 사랑받기에 이제 정죄함이 없다.[롬 8:1] 생각하기에 따라 우리의 위상이 늘 **낮고** 또한 동시에 한없이 **높다**는 뜻이다.

야고보가 말했듯이 그리스도인은 때와 상황에 맞게 둘 중 어느 한쪽의 진리를 더 마음에 새기면 좋다. 당신이 가난하여 평생 쓸모없다는 말을 들었다면, 복음 안에서 우리의 존귀한 가치를 끊임없이 묵상해야 영혼이 치유된다. 반대로 당신이 성공하여 평생 상과 칭찬을 받아 왔다면, 복음 안에서 자신이 낮은 존재임을 자주 곱씹어야 한다.

요컨대 이 새로운 정체성은 정말 "새로운 피조물"이라서 모든 것을 변화시킨다. 다른 인종과 사회적 계층의 사람들을 대하는 태도도 달라진다. 피부색이나 사회적 지위가 더는 내 정체성을 지배하지 않기에 우리는 아무도 업신여기지 않는다. 새로 '낮아진' 지위 덕분에 이전 같았으면 무시했을 사람들의 말도 듣고 배우지만, 동시에 새로 '높아진' 신분 덕분에 도전을 감내하거나 불의에 맞서 분명히 목소리를 내거나 기독교 신앙을 증언한다. 모두 이전 같았으면 시도할 엄두도 내지 못하거나 아예 바라지도 않았을 일이다.

거듭남은 어떻게 실제로 이런 변화를 일으킬까? 앞서 말한 새로운 시력과 감각이라는 첫 번째 특징이 두 번째 특징인 정체성에 요긴한 역할을 한다. 좋은 가정에 입양되었다는 말만으로는 고아원에 사는 외롭고 불행한 아이가 달라지지 않는다. 양부모가 실제로 아이를 만나 안아 주고 날마다 사랑으로 돌봐 주어야 한다. 그래야만 양부모의 성을 따라 법적으로 이름이 달라지는 것이 내면의 새로운 행복과 안전으로 연결된다.

마찬가지로 우리도 그리스도를 믿는 순간 법적으로 하나님의 자녀가 되지만요 1:12-13 우리 마음과 실질적인 정체성이 재구성되려면 성령의 새로운 임재를 통해 하나님의 사랑과 거룩하심과 영광과 실체를 실감해야 한다.

바울이 말했듯이 그리스도께 삶을 드리면 성령께서 우리 마음속에 오시므로 우리가 "아버지"라고 부르짖게 되며, 또한 "성령이 친히 우리의 영과 더불어 우리가 하나님의 자녀인 것을 증언"하신다.롬 8:15-16 성경 읽기와 설교 듣기, 개인 기도와 합심 기도, 서로를 세워 주는 신앙 공동체, 세례와 성찬식 등 기독교의 통상적 실천에 동참하면 성령께서 우리의 새로운 정체성을 마음으로 실감하게 해 주신다.

그리하여 우리는 느리지만 확실하게 변화된다. 성 아우구스티누스의 표현처럼 거듭남은 "사랑의 순서를 바꾸어" 놓는다. 당신은 가정이나 직업이나 타인을 덜 사랑하는 것이 아니라 성령의 능력으로 하나님의 사랑을 날로 더 중시하는 법을 배운다.

젊은 목사 시절 상담했던 한 자매가 기억난다. 그

녀는 복음으로 자신의 삶이 변화된 이야기를 들려주면서 삶을 네 단계 정도로 나누어 회고했다.

아주 엄격한 교회에서 자라던 어린 시절에는 "나는 분명히 특별한 사람이야. 내 친구들보다 더 착하니까"라고 계속해서 자신에게 말했다. 그런데 문제는 잘못을 저지르는 순간 자신이 미워졌다는 것이다. 자존감의 기초 자체가 무너져 내렸기 때문이다.

그러다 삶의 다음 단계로 넘어가서는 "나는 분명히 특별한 사람이야. 이 멋진 남자가 나를 사랑하니까"라고 되뇌었다. 그런데 오히려 더 불안해졌다. "남자들의 시선을 받느냐 못 받느냐에 따라 내 감정이 흥분되거나 참담해졌어요. 게다가 마땅히 끊었어야 할 관계들도 두려워서 끊지 못했어요"라고 그녀는 고백했다.

몇 년 후에 만난 친구들은 정체감과 행복을 남자의 관심과 연애에서 얻으려는 그녀를 제대로 꾸짖었다. 그러면서 자존감의 기초를 일에 두어야 한다고 조언했다. 그녀는 친구들의 의견을 받아들여 공부와 일에 매진했고, 이번에는 "나는 특별한 사람이야. 성공해서 돈도 잘 벌고 출세도 했으니까"라고 자신을 다독였다. 하지만 그녀는 "이전에 연애가 안 풀릴 때 살맛이

안 나던 것처럼 이제는 일하다가 난관에 부딪칠 때마다 나락에 떨어지더군요"라고 털어놓았다.

그러던 중에 어떤 사람이 나타나 그녀에게 "꼭 그런 것들이 다 있어야만 특별한 존재가 되는 것은 아니지요. 착하고 친절한 사람이 되어 남을 도와주기만 하면 됩니다"라고 조언했다.

그녀는 그 시절을 이렇게 회상했다. "그래서 온 힘을 다해 남을 돕고 자원 봉사를 했어요. 그렇게 열심히 모두의 고충을 들어 주고 정서적으로 빈곤한 사람들을 도우며 애쓰다가 결국은 내가 탈진하고 말았지요. 그러면서 제 자신이 미워지더군요. 사랑해야 하는데 그들을 좋아하는 마음조차 없었으니까요."

그 자매는 자신이 특별한 존재인 이유를 "나는 착하니까", "나는 예쁘니까", "나는 성공했으니까", "나는 남을 도와주니까"에서 찾으려 했고 그때마다 정체감도 변했다. 알고 보니 매번 자기 힘으로 구원을 얻어 내려다 녹초가 되었던 것이다.

그녀는 이렇게 이야기를 끝맺었다. "내게 정말 필요한 게 무엇인지 깨달았어요. 하나님은 아무런 이유 없이 나를 그냥 사랑하시고, 또 예수님이 이루신 일 덕분에 사랑하신다는 사실이지요. 그 사실을 알고부터 모든 것이 달라졌습니다."

거듭남은 "내 자존감이 약해서 하나님의 부양책이 필요하다"는 개념이 아니다. 거듭남은 이미 자존감의 출처로 삼고 있던 잡다한 혼합물에 막연한 '하나님의 사랑'을 첨가해 주는 비타민제가 아니다. 거듭나면 최고선으로 바라보는 **대상**만 아니라 그 대상을 바라보는 **방식**까지도 달라진다. 이제 우리의 마음은 그리스도께서 값없이 베푸시는 사랑 안에 안식할 뿐 그 사랑을 얻어 내려고 노력하지 않는다. 이 정체감은 기초가 전혀 다르다.

다음은 성 아우구스티누스의 일화다. 아마도 전설일 것이다 그는 회심하기 전에 여자관계가 복잡했다. 하루는 그가 걸어가는데 옛 정부情婦 가운데 하나가 다가와 인사했다. 그런데 그가 최대한 예의를 갖추면서도 다소 거리를 두자 그녀는 어리둥절해했다. 정중히 작별 인사를 하고 걸음을 떼려는 그에게 그녀는 "아우구스티누스! 나예요. 나 알잖아요!"라고 말했다. 그러자 그는 웃음 띤 얼굴로 돌아보며 말했다. "알지요. 그런데 이제는 내가 〔당신이 알던 그때의〕 내가 아닙니다." 그에게 가장 중요했던 것들이 더는 그를 몰아가며 지배하지 않았다. 피폐하고 공허했던 내면이 새롭게 충만해졌다. 그는 거듭났던 것이다.

내 힘으로 구원을 얻어 내는 것이 아니다

지금까지 나는 '믿음으로 하나님을 향해 돌이키는' 회심conversion과 거듭남이 동일한 것인 양 말했다. 근래에 신학자들이 이를 아주 잘 구분했다. 어떤 의미에서 이 둘은 동전의 양면이라 할 수도 있다. 늘 짝을 이루기 때문이다. 예수님은 마태복음 18장 3절에 "너희가 …… 회심하지 아니하면 결단코 천국에 들어가지 못하리라"라고 하셨고,[7] 요한복음 3장에는 "성령으로 나지" 않고는 하나님 나라에 들어갈 수 없다고 하셨다. 둘 다 절대적으로 필수일진대 이런 논리가 성립된다. 즉 양쪽 다 충족되지 않고는 아무도 참으로 그리스도인하나님 나라의 시민, 하나님 가정의 자녀이 될 수 없다.

그런데 성경에 하나님을 믿으라는 말은 수없이 나오지만 스스로 거듭나라는 말은 한 번도 없다. 어떻게 스스로 태어날 수 있겠는가? 은유 자체에 어긋난다. 심령의 거듭남 즉 성령의 내주하심은 당신이 할 수 있는 일이 아니다. 아기가 자기 힘으로 임신이 되고 태어날 수 없음과 마찬가지다. 반면에 믿음으로 하나님께로 돌이키는 일은 우리에게 명하신 것이다. 회심은 하나님께 가기 위해 당신과 내가 하는 일이지만, 거듭남은 하나님이 우리 안에 행하시는 일이다.

그러므로 진짜 질문은 이것이다. 거듭나기 위해서 어떻게 하나님께로 돌이킬 것인가? 회심은 두 부분으로 이루어지는데 둘 다 본문에 암시되어 있다. 첫째는 은혜와 관계가 있고 둘째는 그리스도와 관계가 있다.

우선 우리는 자신의 죄에서, 그리고 제힘으로 구원을 얻어 내려는 노력에서 돌이켜야 한다. 예수님은 요한복음 3장에서 니고데모에게 "거듭나야 하겠다"고 하셨다. 그런데 요한복음 4장에서는 그분이 니고데모와 정반대되는 한 여인을 회심으로 부르시는 놀라운 사례가 나온다. 이 두 인물은 성별만 달랐던 것이 아니다. 요지는 그녀의 삶이 완전히 망가진 데 반해 그의 삶은 세상 기준으로 성공 일색이었다는 것이다. 그런데 예수님은 둘 다 똑같이 은혜의 선물로 구원받도록 부르신다.

우리가 뉴욕으로 이사 오던 1980년대 말에만 해도 맨해튼은 지금과는 사뭇 달랐다. 그때 나는 하버드 클럽의 조찬 모임에서 매달 한 번씩 강연을 했는데, 지하철 F호선의 6번가 역에서 지상으로 올라오면 매춘부와 마약 거래상이 늘어서 있었다. 그러다 하버드 클럽에 들어가면 목재로 장식된 숱한 방마다 푹신푹신한 가죽 의자와 활활 타는 벽난로가 갖추어져 있었고, 사람마다 인생에 성공해 부족한 것이 없어 보였다.

그러나 그때나 지금이나 복음이 내게 하는 말은 하버드 클럽의 니고데모들도 거리의 사마리아 여인들도 똑같이 행위로는 구원받을 자격이 없지만 똑같이 은혜로는 구원받을 자격이 있다는 것이다.

삶이 아무리 착실하고 가지런히 잘 정돈되어 있어도 **거듭나야** 한다. 반면에 삶이 아무리 난잡하고 잦은 실패를 경험했어도 당신은 **거듭날 수 있다**. 예수님은 이렇게 말씀하신다. "너희는 다 도긴개긴이다. 가장 성공한 사람이나 삶에 최악으로 실패한 듯 보이는 사람이나 하나님께 올 때는 다 똑같다. 똑같은 처지다. 그래서 거듭나야 하고, 거듭날 수 있다."

니고데모는 도덕과 성취로 스스로를 구원하려 했다. 하나님 행세를 하며 자신의 구주가 되려 한 것이다. 요한복음 4장에 보면 우물가의 여인은 줄줄이 파탄 난 연애 관계와 결혼에서 기쁨과 만족을 얻으려 했다. 이 또한 똑같은 시도였다. 물론 결과는 그녀에게는 세간의 오명이었고 니고데모에게는 사회적 명예였다. 그러나 하나님이 보시기에는 자기 힘으로 구원 얻기를 시도하는 근거가 도덕이든 봉사든 미모든 다를 바 없다. 스스로를 구원하려 하기는 마찬가지다. 인간이 하나님 자리에 서는 것이다.

그러므로 겉보기에 '최고'의 사람이든 '최악'의 사람이든 누구나 똑같은 처지이며 똑같이 하나님의 은혜가 필요하다. 아기의 임신과 출산에 아기는 기여하는 바가 없다. 저절로 생겨나거나 스스로 작정해서 태어나는 것이 아니다. 전부 부모가 하는 일이지 아기의 행위와는 무관하다.

구원받으려면 역설적으로 그 구원에 자신이 아무것도 기여할 수 없음을 알아야 한다. "나 정도면 괜찮은 사람이니 구원도 내 힘으로 가능하다"고 생각하는 한 당신은 아직 영적으로 눈먼 상태다. 그 상태로는 하나님 나라를 보거나 그분의 은혜를 누릴 수 없다. 그래서 회개가 필요한데, 회개란 그저 이런저런 죄를 뉘우치는 것이 아니다.

성경은 그것을 가리켜 "생명 얻는 회개"라 기록했다. 행 11:18 회심하려면 제일 먼저 하나님의 은혜 앞에 회개하며 이렇게 고백해야 한다. "알고 보니 여태 제 능력으로 구원을 얻어 내려 했습니다. 거저 베푸시는 주님의 은혜가 필요합니다."

가장 유명한 예는 바로 마르틴 루터다. 자신의 회심 과정을 그는 이렇게 기술했다. "로마서 1장 17절에 나오는 바울의 말을 어떻게든 이해해 보려고 노심초사 애썼다." 그를 고민에 빠뜨린 그 구절에 "복음에는 하나님의 의가 나타나서"라고 되어 있다. 마침내 그는 "깨닫고 보니 하나님의 의는 믿음으로 말미암아 그분이 순전히 은혜와 자비로 우리에게 주시는 의다. 이때부터 내가 거듭났다고, 즉 열린 문을 지나 낙원에 들어섰다고 느껴졌다. …… 율법과 복음의 차이를 알고부터 돌파구가 열렸다"고 말했다.[8]

바로 그거다. 루터는 번개에 맞은 심정이었다. 죄를 회개하고 하나님의 용서를 받아야 함은 그도 오래

삶이 아무리 착실하고
가지런히 잘 정돈되어 있어도
거듭나야 한다.
반면에 삶이 아무리 난잡하고
잦은 실패를 경험했어도
당신은 거듭날 수 있다.
겉보기에 '최고'의 사람이든 '최악'의 사람이든
누구나 똑같은 처지이며
똑같이 하나님의 은혜가 필요하다.

전부터 알았다. 다만 그분의 복과 은총을 얻으려면 스스로 수양을 쌓아 하나님 보시기에 의로운 삶을 살아야 하는 줄로만 생각했다.

그런데 문득 깨닫고 보니 자신이 여태 죄와 악행을 저질렀을 뿐 아니라 그나마 행한 선행조차도 목적이 잘못되어 있었다. 하나님과 사람들에게 잘 보이기 위해서였고, 착한 사람이라는 정체성을 지어내기 위해서였고, 하나님 행세를 하며 스스로를 구원하기 위해서였다.

악행만 아니라 모든 선행의 동기까지도 회개하고 나서야 비로소 그는 자신이 "거듭났다고" 느껴졌다. 복음이 도덕적 노력을 통해 내 힘으로 얻어 내는 구원과는 다름을 깨닫고 나서야 "돌파구가 열렸다."

예수님이 감당하신 사랑의 수고

이렇듯 회심하려면 제일 먼저 내 힘으로 구원을 얻어 내려는 온갖 방안으로부터 돌이켜 회개해야 한다. 하지만 거기서 그치지 않고 믿음으로 예수님께 나아가 그분이 이루신 아름다운 일을 보아야 한다. 하나님의 은혜를 두루뭉술하게 믿는 것만으로는 부족하다. 예수 그리스도께서 이루신 특별한 일을 믿어야 한다.

나는 세 아들이 태어나는 순간을 다 지켜보았는데, 으앙으앙 울거나 얌전하거나 발길질을 하거나 거의 미동도 없는 등 아이마다 달랐다. 하지만 공통점이 하나 있었다. 셋 다 **자신이** 노력해서 세상에 나와 새 생명을 얻은 것이 아니라 어머니의 진통과 수고 끝에 태어났다.

우리가 사는 현대 사회에서도 여전히 출산은 고통스럽고 때로 산모의 목숨을 위협한다. 하지만 거듭남을 말씀하신 예수님이 사시던 당시에는 훨씬 더했다. 산모가 지극한 사랑으로 힘들게 진통할 뿐 아니라 목숨까지 걸지 않고는 새 생명이 태어날 수 없었다. 실제로 옛날에는 아기를 낳다가 죽는 사람도 많았다.

그래서 요한복음 뒷부분에 예수님의 놀라운 비교가 나온다. 16장 16절에 그분은 "조금 있으면 너희가 나를 보지 못하겠고"라고 하셨다. 십자가를 지실 일을 두고 하신 말씀이다. 그런데 곧이어 다음과 같이 말씀하신다. "여자가 해산하게 되면 그 때가 이르렀으므로 근심하나 아기를 낳으면 세상에 사람 난 기쁨으로 말미암아 그 고통을 다시 기억하지 아니하느니라." 요 16:21

자신의 죽음을 말씀하시던 예수님이 왜 갑자기 여자의 산통을 거론하시는가? 또 고통스러운 출산의 순간을 왜 "그 때"라 표현하시는가? 요한복음을 공부해 본 사람은 알겠지만 예수님은 십자가의 죽음을 친히 예고하실 때마다 이를 자신의 "때"라 칭하신다.[9]

예수님이 하시려는 말씀이 무엇인지 알겠는가? "처음 세상에 태어날 때는 어머니가 목숨을 걸었기에 너희가 육의 생명을 얻었지만, 두 번째 날 때는 내가 목숨을 버렸기에 너희가 영의 영생을 얻는다."

요한복음 16장 본문을 계속 더 보면 예수님의 은유가 한층 놀라워진다. 그분은 말 못할 고통을 겪은 산모도 아기를 보는 순간 기뻐서 어쩔 줄 모른다고 말씀하셨다. 당당히 이렇게 고백하신 셈이다. "인간이 경험하는 출산의 기쁨도 너희를 바라보는 내 기쁨에 비하면 희미한 그림자에 불과하다. 내가 모든 고난과 고문과 죽음을 기꺼이 당한 것은 너희를 구원하고 사랑하는 기쁨이 더 크기 때문이다."

이 사실을 깨닫고 믿고 그 안에 안식하지 않는 한 당신은 거듭날 수 없다.

3.

은혜 안에서 시기에 걸맞게 성장하고 있는가

삶이 송두리째 바뀌는 근본적 변화

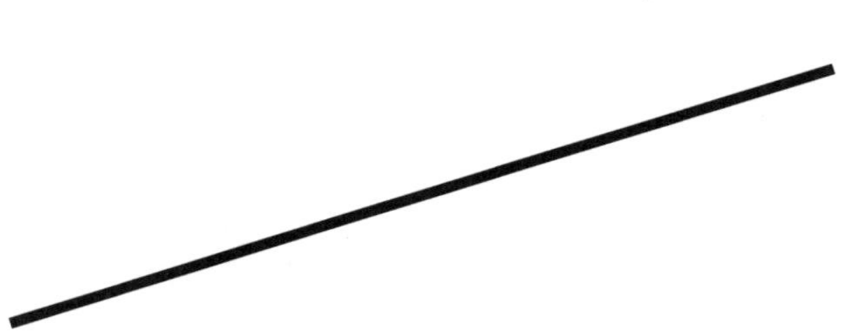

예수 그리스도의 종이며 사도인 시몬 베드로는
우리 하나님과 구주 예수 그리스도의 의를 힘입어
동일하게 보배로운 믿음을 우리와 함께 받은 자들에게 편지하노니
…… 그의 신기한 능력으로
생명과 경건에 속한 모든 것을 우리에게 주셨으니 ……
이로써 그 보배롭고 지극히 큰 약속을 우리에게 주사
이 약속으로 말미암아 너희가 …… 신성한 성품에
참여하는 자가 되게 하려 하셨느니라
그러므로 너희가 더욱 힘써 너희 믿음에 덕을, 덕에 지식을,
지식에 절제를, 절제에 인내를, 인내에 경건을,
경건에 형제 우애를, 형제 우애에 사랑을 더하라
이런 것이 너희에게 있어 흡족한즉
너희로 우리 주 예수 그리스도를 알기에 게으르지 않고
열매 없는 자가 되지 않게 하려니와
이런 것이 없는 자는 맹인이라 멀리 보지 못하고
그의 옛 죄가 깨끗하게 된 것을 잊었느니라.

베드로후서 1장 1, 3-9절

○

오직 우리 주 곧 구주 예수 그리스도의 은혜와
그를 아는 지식에서 자라 가라
영광이 이제와 영원한 날까지 그에게 있을지어다.

베드로후서 3장 18절

구원을 새로운 출생으로 보신 예수님의 은유를 바울, 야고보, 요한, 베드로 등 신약의 다른 기자들도 이어받았다. 딛 3:5; 약 1:18; 요일 5:1 베드로가 첫 편지베드로전서에 두 번이나 말했듯이 그리스도인은 거듭난 존재다. 벧전 1:3, 23

출생의 은유에 함축된 가장 명확한 의미 가운데 하나를 놓쳐서는 안 된다. 그리스신화에 등장하는 여신 아테나는 제우스의 머리에서 태어날 때 이미 장성한 상태였지만 인간은 그렇지 않다. 우리는 가장 작고 무력한 아기로 시작한다. 신생아와 성인은 확연히 다르다. 신생아의 성장 속도는 무서울 정도여서 처음 4-6개월 만에 몸이 두 배로 커진다.

새로 태어난 그리스도인들도 이와 비슷하게 변화하고 성장하는가? 앞서 보았듯이 변화의 기반은 이미 갖추어졌다. 성령 하나님이 우리 안에 내주하신다. 하지만 우리는 시기에 걸맞게 성장하고 있는가?

그래서 베드로는 두 번째 편지베드로후서에서 영적 성장을 거론한다. 서두와 맺음말에 공히 "은혜 안에서 자라 가라"고 당부한다.

은혜 안에서 우리는 성장할 수 있다

우리가 이번 장에서 다룰 본문 서신을 쓴 사람이 "예수 그리스도의 종이며 사도인 시몬 베드로"임을 잊지 말라.[벧후 1:1] 그는 예수님과 함께 살았던 사도였다. 산 위에서 변화되신 그분을 보았고, 하늘에서 나는 아버지의 음성도 들었다. 그는 예수님을 실망시켰으나 그분은 그를 용서하고 치유하여 하시고자 하는 사역의 지도자로 세우셨다. 부활하신 후에 여전히 못 자국이 훤히 보이는 채로 베드로를 직접 훈련시키셨다.

이 모든 일이 당신에게 벌어진다고 상상해 보라. 우리 문화에서는 "삶을 바꾸어 놓는다"는 표현을 너무 가볍게들 쓴다. 그러나 당신이 만일 산 위에서 변화되신 예수님과 부활하신 그분을 직접 보았다면 **그것이야말로** 당신의 삶을 송두리째 바꾸어 놓았을 것이다.

그런데 베드로가 뭐라고 말하는지 보라. "예수 그리스도의 종이며 사도인 시몬 베드로는 우리 하나님과 구주 예수 그리스도의 의를 힘입어 동일하게 보배로운 믿음을 우리와 함께 받은 자들에게 편지하노니."[1절]

여기 “동일하게 보배로운”으로 번역한 헬라어 단어 “이소티몬”은 “가치와 효력이 대등하다”는 뜻이다. 얼마나 놀라운 말인가. 베드로가 그 사건들을 목격한 지 수십 년이 지났고, 당시 이 편지의 수신자인 그리스도인들은 지리적으로 수백 킬로미터나 떨어져 있었다. 그런데도 베드로는 그들의 믿음도 자신의 믿음과 대등하게 삶을 바꾸어 놓는 효력이 있다고 말한다. “여러분의 삶도 내 삶처럼 예수 그리스도의 복음으로 말미암아 완전히 달라질 수 있습니다”라고 말한 셈이다.

어떻게 그럴 수 있을까? 베드로의 설명이 곧바로 이어진다. 4절에 보면 우리는 “보배”로운[1절과 동일한 단어] 복음의 약속으로 말미암아 “신성한 성품에 참여”한다. 거듭나서 성령을 받을 때 이를테면 하나님의 DNA를 받는다. 신비롭게 신성과 합일한다는 뜻이 아니라 하나님의 사랑과 지혜와 진실하심과 정의와 자비와 선하심이 우리 안에 불어넣어진다는 뜻이다. DNA가 당신을 조상의 육적 특성과 이어 주듯이 성령께서는 당신을 하나님의 영적 특성과 이어 주신다.

결국 사도들을 변화시킨 것은 사건을 목격한 경험이 아니었다. 알다시피 가룟 유다는 예수님과 함께 살면서 그분의 아름다운 성품과 비상한 기적을 다 보고도 등을 돌렸다. 부활하신 예수님이 갈릴리의 산에서 제자들에게 나타나셨을 때도 일부는 경배했지만 "아직도 의심하는 사람들"이 있었다.[마 28:17] 결국 그들의 참된 변화는 모든 그리스도인 안에 똑같이 내주하시는 성령의 역사였다.[행 1:8]

은혜 안에서 자라 가라는 성경의 권고[벧후 3:18]는 "덕을 기르라"는 말과는 사뭇 다르다. 많은 사람이, 신약이 대체로 모든 사람에게 명하는 바가 그저 예수님의 윤리를 본받아 살라는 정도라고 생각한다. 그분이 사랑과 자비와 정의를 실천하셨으므로 우리도 다 그분처럼 살면 세상이 더 좋아진다는 식이다.

그 취지야 십분 존중하지만 성경 기자들이 그 정도로 고지식하고 어리석지는 않다. 그리스도처럼 살라는 말은 인간에게 불가능한 요구다. 우리의 본성에 철저히 어긋나는 생활 방식이므로 우리의 의지적 행위로는 이룰 수 없다. 그리스도인이 그리스도를 닮아야 한다는 성경의 명령에는 그들이 이미 거듭나서 신성한 성품에 참여하고 있다는 전제가 깔려 있다.

"네 이웃을 네 자신같이 사랑하라"는 신약 기자들

의 말은 "네 이웃을 네 자신같이 사랑할 수 있도록 내면의 그 새로운 성품을 양육하라"는 뜻이다. 일단 태어나야 성장도 가능하다. 몸이 자라려면 몸이 태어나야 하듯이 영이 자라려면 영이 태어나야 한다.

당신이 그리스도인인데 삶에 근본적 변화가 없다면 변명의 여지가 없다. 당신은 변화를 포기한 부분이 있는가? 일상에 뿌리내린 나쁜 습관과 관행을 방치하는 데 익숙해졌는가? 심중에 잘못된 태도와 두려움과 원망이 있는데도 적당히 타협하는가? 생명과 경건에 속한 "모든 것"이 당신에게 주어져 있다.[벧후 1:3] 이제 얼마든지 은혜 안에서 성장할 수 있다.

점진적으로 자라다

베드로는 믿음에 덕, 지식, 절제, 형제 우애 등 다른 자질을 차례로 "더하라"라고 말한 뒤 이런 것이 "흡족"해져야[점점 많아져야, NIV] 한다고 덧붙인다.[벧후 1:8] 다시 말해서 은혜 안에서 이루어지는 성장은 점진적으로 이루어진다.

문화는 우리를 성질이 급해지게끔 길들인다. 제품 배송에 이틀이 걸리는 회사는 일일 배송이 가능한 회사 때문에 망한다. 다운로드에 10초가 소요되는 컴퓨터는 동일한 용량을 2초 만에 다운로드하는 컴퓨터에 밀려날 수밖에 없다. 8초 차이가 파산을 부른다. 바로 이런 문화 속에서 우리가 살고 있다.

그런데 교회도 작금의 이런 문화에 휩쓸릴 때가 많다. 많은 교회와 사역 단체에서 대놓고 말하거나 은근히 암시한다. 그리스도께 정말 삶을 드리고 자기네 회중에 들어가 자기네 영적 성장 방법대로만 하면 당신을 속박하거나 괴롭히는 모든 것에서 금방 헤어날 수 있다고 말이다. 그들은 온갖 문제를 물리치는 영적 승리를 무슨 요술 지팡이마냥 약속한다.

그러나 성경은 그렇게 말한 적이 없다. 베드로가 썼듯이, 우리는 다시 태어나서 영적 아기로 시작한다.벧전 2:2 유아가 몇 주나 몇 달 만에 어엿한 성인이 되는 일은 없다. 다년간의 양육과 노력과 시행착오를 거치면서 모든 것에서 배워야 한다. 성경에 이런 말은 없다. "갓난아이들같이 영적 젖인 하나님의 말씀을 먹으라. 이로 말미암아 너희로 구원에 이르도록 자라게 하

당신이 그리스도인인데

삶에 근본적 변화가 없다면

변명의 여지가 없다.

당신은 변화를 포기한 부분이 있는가?

일상에 뿌리내린 나쁜 습관과 관행을

방치하는 데 익숙해졌는가?

심중에 잘못된 태도와 두려움과 원망이 있는데도

적당히 타협하는가?

Vincent

려 함이라. 기를 쓰고 열심히 먹으면 자라는 속도가 더 빨라지리라."

아기의 성장을 앞당길 수는 없다. 아기가 자라기까지는 오랜 세월이 걸린다.

하지만 반전이 있다. 도토리로 거대한 콘크리트 판을 깨부수려 한다면 오히려 도토리가 산산조각 난다. 그러나 그 콘크리트 판이 보도블록이라 하고 그 밑의 땅에 도토리를 심어 보라. 발아되기만 하면 어떻게든 싹이 뚫고 올라와 여러 해에 걸쳐 서서히 콘크리트 판을 옆으로 밀어내거나 아예 반으로 쪼개 버릴 수도 있다. 느리지만 확실한 성장에는 바로 이런 위력이 있다.

요컨대 은혜 안에서 성장하는 것은 요술 지팡이보다 도토리에 더 가깝다. 당신 안에 들어오는 그 씨앗에 물을 주고 양육하면 결국 그것이 당신을 완전히 바꾸어 놓는다. 하나님의 능력이 당신 안에 있으면 결국 당신의 고질적 약점이 고쳐지고, 하나님의 사랑이 당신 안에 있으면 결국 당신의 이기심이 퇴치된다. 다만 점진적으로 일어나는 일이다.

또 아이의 성장처럼 그리스도인의 영적 성장도 개

인마다 다름을 명심해야 한다. 자녀가 여럿인 부모는 알겠지만 옹알이든 걸음마든 다른 무엇이든 자녀마다 똑같은 나이나 시기에 똑같은 속도로 배우는 게 아니다. 쌍둥이조차도 서로 다르다. 영적 성장도 마찬가지다.

우리 가운데 더러는 남보다 훨씬 더 고생하고 학대당하고 성격 결함도 많은 상태에서 하나님의 가족이 된다. 또 처음 믿을 때 성경이나 기독교의 가르침을 거의 모르거나 아예 문외한인 사람도 있고 많이 아는 사람도 있다. 따라서 그리스도인의 성장하는 삶이란 늘 점진적일 뿐 아니라 사람에 따라 진행 속도도 다르다.

영적 성장은 또 한 가지 면에서 아이가 성인기에 이르는 이치와 비슷하다. 〈나 같은 죄인 살리신〉을 쓴 18세기 찬송 작사가 존 뉴턴은 현명한 목사이기도 했다. 그는 한 친구에게 보낸 편지들에서 영적 성장의 기본 3단계를 말했는데, 그 내용이 얼추 아동기와 사춘기와 성인기와 비슷하다.[1]

새 신자들은 대개 아이처럼 열정적이며, 죄에서 해방되어 하나님과 가까워졌다는 새롭고 신기한 감정으로 충만하다. 그러나 뉴턴은 그들이 하나님의 용서가 값없는 선물이며 노력이나 자격으로 얻어 내는 것이 아니라는 사실을 전하는 복음을 믿기는 하지만, 아직 삶 전반에 복음을 적용할 줄은 모른다고 지적한다. 속으로는 그들도 여전히 율법주의자다.

하나님께 용서받았음을 알기는 하지만, 그분의 사랑이 변치 않는다는 확신의 근거를 자신이 큰 죄를 삼가고 기도에 충실하고 신앙 지식을 늘리고 특히 그분을 가깝게 느끼는 데 둔다. 이 모두가 하나님의 사랑을 확신한 **결과**가 아니라 확신을 갖는 데 갖추어야 할 **조건**인 셈이다.

그래서 그들 속에는 늘 "하나님이 정말 나를 사랑하실까?"라는 '불안'과 "나는 이 고집스런 사람들과 달리 그리스도께 헌신했다"라는 '교만'이 떠나지 않는다. 신앙이 어린 그리스도인은 부정적 감정과 영적 실패 앞에서 심히 침체된다. 감정과 영적 성공이 "공로의 명분" 즉 하나님의 은총을 받는 근거로 작용하기 때문이다.

그래서 뉴턴은 하나님이 그리스도인의 삶에 많은 일이 틀어지는 시기를 허락하신다고 이야기했다. 이때가 대략 사춘기에 해당한다. 사춘기 아이들도 부모의 권위 문제로 고전할 수 있다. 영적 감정이 시들해지고 삶이 지리멸렬해지면 "사춘기" 그리스도인은 하나님께 분노했다가 자신에게 분노하기를 왔다 갔다 한다. 그러나 뉴턴은 "이런 변화의 섭리를 통해 주님은 그를 단련하시고 앞으로 나아가게 하신다"고 썼다.

하나님은 고전하는 신자들을 인도하여 복음을 더 깊이 깨닫게 하신다. 미숙한 그리스도인은 그간의 좋은 감정과 순탄한 삶을 자기가 그리스도께 힘써 헌신해서 얻어 냈다고 믿는다. 그러다 역경과 시련이 닥쳐오면 은근한또는 보란 듯한 자만심과 고지식함이 졸지에 떨어져 나간다.

그들이 전진할 수 있으려면 복음의 두 가지 진리 속으로 더 깊이 들어가야 한다. 자신의 죄와 흠이 생각보다 중하며, 그럼에도 불구하고 감히 꿈도 꾸지 못할 만큼 무조건 확실하게 하나님이 그리스도 안에서 자신을 받아 주신다는 사실이다. 뉴턴은 그리스도인의 성장에 관해 이렇게 썼다. "영광스러운 복음을 더 깨달으면 그가 사모하던 해방의 시간이 다가와, 주님이 받아주심을 알고 그분의 완성된 구원에 의지하게 된다."[2]

끝으로 뉴턴은 "영적 성인"인 성숙한 그리스도인을 거론한다. 이들은 복음을 더 깊이 깨달았기에 능히

우리가 전진할 수 있으려면
복음의 두 가지 진리 속으로
더 깊이 들어가야 한다.
내 죄와 흠이 생각보다 중하며,
그럼에도 불구하고
감히 꿈도 꾸지 못할 만큼 무조건 확실하게
하나님이 그리스도 안에서
나를 받아 주신다는 사실이다.

고난을 잘 감당한다. 삶에 찾아오는 고통의 시간이 자신의 죄에 대한 형벌도 아니고 하나님이 무심하신 탓도 아님을 안다. 또 그들은 하나님의 무조건적 사랑을 더 깊이 꿰뚫어 보므로 정서적으로 든든해져, 자신의 고질적 죄를 정당화하거나 부인하기보다는 훨씬 더 솔직하다. 그 결과 이전과는 달리 자신을 바로 알고 성격 결함을 극복할 수 있다.

뉴턴은 이야기한다. "〔성인〕은 주로 이 점에서 〔사춘기 아이〕보다 행복하고 우월하다. 즉 …… 기도하고 말씀을 읽고 듣는 등의 수단을 통해 신비로운 구속救贖의 사랑을 보는 눈이 더 명쾌하고 깊고 광범위해져 있다."[3]

생명이 심겨지는 일

신약에서 말하는 은혜란, 하나님이 자격 없는 사람에게 호의를 베푸신다는 뜻이다. 하나님이 기꺼이 당신을 받아 주심은 당신이 아닌 예수님이 행하신 일 때문이다. 따라서 그런 의미에서라면 당신은 은혜 안에서 자라 갈 수 없다. 그분이 의롭다 하시는 칭의나 그분의 집에 들여지는 입양이 지금보다 더해질 수는 없다. 하지만 다른 의미에서, 이런 진리가 당신 마음에 미치는 영향력은 얼마든지 더 커질 수 있다. 그런 위대한 특권의 위력을 맛보는 경험은 날로 더해질 수 있다. 그리고 그래야만 비로소 역동적 능력이 생활 속에서 당신을 속속들이 변화시킨다.

몇 년 전, 우리는 휴가 중에 어느 패스트푸드 식당에 갔는데 패스트푸드fast-food라는 말이 무색하게 서비스가 전혀 빠르지 않았다. 줄이 움직이는 속도가 아주 느렸다. 알고 보니 카운터 직원이 주문마다 애를 먹고 있었다. 더 가까이 가서야 알았는데, 매번 그렇게 더딘 이유는 그녀의 영어 솜씨가 조금 서툴러서였다. 갓 이민을 온 모양인지 손님들의 말을 잘 알아듣지 못했다.

나는 조급해져서 "점주는 왜 말도 제대로 못하는 사람을 저 자리에 세웠지?"라고 혼자 중얼거렸다. 그 순간 문득 그날 아침에 보았던 성경 구절이 떠올랐다. 하나님이 이스라엘 백성에게 그들 가운데 있는 이민자와 외국인을 친절히 대하라고 명하신 신명기 말씀이었다.

> 너희는 나그네를 사랑하라 전에 너희도 애굽 땅에서

나그네 되었음이니라.

신명기 10장 19절

나는 허를 찔렸다. 하나님은 “너희는 이민자를 사랑하고 친절히 대하라. 내 명령이니 무조건 따르라!”라고 하실 수도 있었지만 그러지 않으셨다. 그러셨다면 우리의 의지에 직접 부담이 되었을 것이다. 그 방법도 잘못은 아니지만 영속적 변화를 낳지는 못한다. 그래서 하나님은 그런 식으로 명령하지 않으시고, 이스라엘 백성에게 “나그네이자 노예였던 너희를 내가 해방시켜 주었음을 잊지 말라. 내가 너희를 대한 대로 너희도 이민자와 나그네를 대하라”라고 하셨다.

이는 우리 의지에 부담을 줄 뿐 아니라 마음까지 변화시킨다. 우리를 낮추면서도 세워 준다. 그분의 사랑을 기억하기 때문이다. 이는 그저 도의상 동조하라는 명령이 아니라 은혜 안에서 자라 가라고 요구한다. 하나님의 은혜라는 논리가 우리의 사고 속에 배어들어 마음의 동기부터 변화시켜야 한다.

물론 내게도 적용되는 말씀임을 즉각 알았다. 실제로 애굽의 노예는 아니었어도 나 또한 바울의 말대로 하나님 나라 "밖의 사람"이었다. "외인이요 세상에서 소망이 없고 하나님도 없는 자이더니 이제는 전에 멀리 있던 너희가 그리스도 예수 안에서 그리스도의 피로 가까워졌느니라."엡 2:12-13

예수님이 천국에서 누리시던 권력과 위상을 버리신 덕분에 영적 이방인이요 외부인인 내가 받아들여졌다. 그분이 배제당하신 덕분에 내가 받아들여졌다. 현대인들이 "자신이 누리는 특권 점검하기" 개념을 말하기 오래전부터 하나님은 모든 신자에게 강력한 해독제를 주셔서, 인종과 계층을 내세우며 우월감에 취하는 본능적 성향을 물리치게 하셨다.

잠시 뒤 카운터에 다가가 그 직원에게 주문을 할 때쯤에는 이런 생각으로 바뀌었다. "주 예수님, 저도 나그네였는데 주님께서 친히 무한한 대가를 치르시고 저를 받아들여 주셨습니다."

은혜를 깨달으면 그때부터 당신의 마음이 변화되고, 하나님이 당신 안에 기르시는 새사람이 자리한다. 그 결과 진정한 인내와 친절이 우러나 행동까지 제대로 바뀐다.

은혜 안에서 이루어지는 성장은 생명이 심겨지는

일이라는 말이 무슨 뜻인지 이제 알겠는가? 이 성장은 우리의 내면에서부터 퍼져 나가며, 기계적이라기보다 유기적이다.

돌무더기에 계속 돌을 더 던지면 무더기가 커질 수 있다. 마찬가지로 당신도 그리스도인으로서 하는 여러 활동을 쌓아 올리고 교회 공예배에 한 번도 빠지지 않고 출석할 수 있다. 머리로만 아는 기독교 교리와 성경 정보를 늘릴 수도 있다. 그러나 이는 지혜와 깊이와 행복과 사랑이 더해 가는 것과는 다르다.

당신은 돌무더기처럼 커지는 중인가, 아니면 아이처럼 점점 자라서 성숙한 어른이 되어 가는 중인가? 우리는 은혜 안에서 얼마든지 성장할 수 있다. 그 성장은 점진적으로 이루어지며, 생명이 심겨지는 일이다.

은혜 안에서 자라 갈 때 나타나는 열매들

은혜 안에서 성장하는 것은 실제로 어떤 모습으로 나타날까? 아키발드 알렉산더가 다음과 같이 쭉 열거

했다.

간혹 퇴보도 있겠지만 전체적으로 진보한다. 성장은 때에 따라 더 빠르거나 더딜 수도 있고, 영역에 따라 더 두드러지거나 미미할 수도 있다. 그러나 시간이 가면 발전하게 되어 있다.

이타심이 자란다. 타인과 특히 가족을 큰 근심에 빠뜨리는 자신의 방종을 억제할 줄 안다. 당신의 지출, 식생활, 남 앞에서 하는 말 등을 보다 잘 절제할 수 있다는 뜻이다. 알렉산더는 여기서 "절제의 모조품인 과민한 양심은 때로 지극히 순수한 만족에조차 시비를 건다"고 흥미로운 내용을 덧붙였다.[4]

때때로 공예배를 드리고 기도하는 가운데 하나님이 생생히 느껴지고, 그런 경건의 시간에 그분을 만나려는 갈망도 깊어진다. 물론 다양한 요인에 따라 기복이 있기는 하다. 질병, 피로, 시련, 역경, 유난히 바쁜 활동 때문에 고전 작가들이 말한 "하나님의 임재 의식"이 약해질 수 있다. 그러나 전반적으로는 기도와 말씀 읽기를 통해 사랑으로 하나님과 교제하는 시기가 간헐적으로라도 지속될 것이다. 윌리엄 쿠퍼의 유명한 찬송가에 그것이 이렇게 묘사되어 있다.

찬송하는 성도에게
놀라운 빛 비치니
주님 치유의 날개로
우리를 덮으시네.
고난당한 영혼에게
위안이 사라질 때
주님 밝은 빛 비추사
다시 새 힘 주시네.[5]

사랑하기 힘든 사람들을 향한 사랑도 자란다. 당신은 이웃을 사랑함으로써 기꺼이 공동체의 공동선에 기여한다. 특히 자신이 신자임을 공공연히 밝히며 자원해서 믿음을 전한다. 자신의 주식인 생명의 양식을 누구에게나 나누고 싶어서다.

남에게 부당한 대우를 당하고도 진심으로 용서하며 상대가 잘되기를 바랄 수 있다면, 이것이야말로 당신이 은혜 안에서 자라 가고 있다는 아주 강력한 증거다. 관련된 불의를 바로잡고자 대담하고도 겸손하게 정의를 추구하는 것과는 별개로 말이다.

또 삶의 우여곡절과 제반 상황 속에서 갈수록 더

하나님의 지혜를 의지하게 된다. "하나님을 사랑하는 자 …… 들에게는 모든 것이 합력하여 선을 이루느니라"라고 선포한 로마서 8장 28절은, 개별적으로 모든 악한 일이 선을 낳는다는 뜻이 아니라 **종합적으로** 삶 전체가 당신의 눈에는 아직 보이지 않는 어떤 틀에 들어맞게 되어 결국 당신의 유익과 그분의 영광을 이룬다는 약속이다.

이 약속을 의지하는 그리스도인은 다음과 같이 된다. "앞날이 아무리 캄캄하고 당신을 에워싸는 어려운 일이 아무리 많아도 …… 당신은 믿음으로 사는 법을 배웠다. 가난하고 잊힌 상태에서도 겸손히 자족하는 것으로 보아 예수님께 받은 가르침이 당신에게 유익이 되었다."[6]

끝으로 은혜 안에서 자라 가면 그 징후로 나와 비슷한 부류의 그리스도인만 아니라 나와 다른 그리스도인까지도 더 사랑하게 된다. 안타깝게도 기독교 교회는 아직도 다분히 인종이나 사회적 계층에 따라 분열되어 있다. 당신이 다니는 교회 교인들도 아마 인종, 교육 수준, 사회적 계층이 당신과 비슷할 것이다.

그러나 은혜 안에서 성장하고 있는지 확실하게 알

수 있는 징후는 자신과 사회적 지위가 같은 비신자보다 사회적 지위가 다른 신자에게 더 친밀한 유대감을 느끼는 것이다. 다른 그리스도인을 진정으로 사랑하면 나머지 모든 인간을 갈라놓는 정치, 이념, 인종, 사회적 계층의 장벽도 뛰어넘을 수 있다.

지금까지 말한 새로운 감각, 새로운 정체성, 새로운 습관, 새로운 사랑과 같은 이런 변화를 당신의 삶에서 본 적이 있는가? 느리지만 확실하게 이 모두가 당신 안에서 자라나 당신을 변화시키고 있어야 한다.

이런 새로운 피조물의 가장 흥미로운 사례 가운데 하나로 니고데모를 꼽을 수 있다. 예수님이 십자가를 지신 시점을 그린 요한복음 끝부분을 보자.

요한복음 19장에 보면 그리스도의 시신이 아직 십자가에 달려 있을 때 니고데모와 아리마대 요셉이 가서 시신을 요구한다. 유대 공회 의원이자 부유하고 성공한 이 두 남자는 곧 십자가로 가서 시신을 내려서는 직접 수습하여 장례를 준비한다. 핏자국과 오물을 깨끗이 다 닦아 낸 뒤 사이사이 향품을 넣어 가며 정성껏 수의에 싼다. 이들의 행동은 충격적이었다. 왜 그럴까?

우선 이는 믿기 어려울 만큼 대담무쌍한 조치였

다. 어떤 운동이든 지도자가 처형되면 누구라도 그의 제자로 보이고 싶지 않은 법이기 때문이다. 실제로 다른 제자들은 일찌감치 다 숨었는데 이들 둘은 기꺼이 나서서 그분의 제자임을 떳떳이 밝혔다.

또 한 가지 중요한 사실은 그 문화에서 시신을 씻어 장례를 준비하는 일이 오직 여자나 종의 몫이었다는 것이다. 그 일을 불결한 일이라 여겼기 때문이다. 지체 높은 남자라면 결코 하지 않을 일인데도 요셉과 니고데모는 했다.

이는 니고데모가 이미 철저히 변화되었다는 뜻이다. 그는 한편으로 이전보다 용감하고 대담하면서도 한편으로 남자로서의 자존심을 내려놓았다. 이전보다 당차면서도 겸손해졌고 용기와 문화적 유연성을 겸비했다. 이런 구속救贖된 남성성은 어디서 왔을까? 그의 정체성이 송두리째 뽑혀 복음이라는 새로운 땅에 다시 심겨진 결과였다. 앞서 말했듯이 복음은 다른 어떤 신념이나 경험보다도 더 당신을 낮추면서 또한 높인다.

내 힘으로 얻어 낸 구원의 경우, 성공하면 담대해지는 대신 약간 교만해지고, 실패하면 겸손해지는 대신 확신을 잃어버린다. 하지만 복음은 '우리 자신은 가

은혜 안에서 성장하고 있는지
확실하게 알 수 있는 징후는
자신과 사회적 지위가 같은 비신자보다
사회적 지위가 다른 신자에게
더 친밀한 유대감을 느끼는 것이다.
다른 그리스도인을 진정으로 사랑하면
나머지 모든 인간을 갈라놓는
정치, 이념, 인종, 사회적 계층의 장벽도
뛰어넘을 수 있다.

망 없는 죄인이지만 그리스도 안에서 은혜로 구원받고 사랑받는다'고 말한다. 그래서 당신도 니고데모와 요셉처럼 담대하고 강하면서도 동시에 겸손하고 부드러워진다.

여기 복음의 역설이 있으니 곧 자신이 한없이 연약한 존재임을 인정하는 사람만이 이처럼 강해지고, 예수님을 위해 자기 목숨을 잃는 자만이 실제로는 자기 목숨을 얻는다. 마 10:39

C. S. 루이스도 똑같은 말로 그의 책 《순전한 기독교 *Mere Christianity*》를 마무리했다.

> 이 원리는 삶 전반에 완벽하게 적용 가능하다. 자신을 버리면 참자아를 발견한다. 목숨을 버리면 목숨을 구한다. 죽기로 하면 ―날마다 야심과 사사로운 소원을 죽이다가 마침내 온몸의 죽음까지 받아들이면 ―영생을 얻는다. 아무것도 움켜쥐지 말라. 베풀지 않는다면 아무것도 당신의 참소유가 되지 않는다. 죽지 않는다면 당신의 그 무엇도 다시 살지 못한다. 자신을 구하면 결국 증오와 고독과 절망과 분노와 멸망과 부패밖에 얻지 못한다. 그러나 그리스도를 구하면

그분은 물론 나머지도 덤으로 다 얻는다.[7]

하나님의 복

히브리서 6장 7-8절에 보면 생명과 성장은 "하나님께 복을 받은" 결과다.[8] 그러니 부디 이 글을 읽고 있는 당신도 이 신성한 복을 누리며 살아가기를 기도한다.

아기가 태어나는 일은 경이로운 사건이다. 축하한다!

그리스도 안에서 새 생명이 태어나는 일은 영원한 사건이다. 할렐루야! **한 번 태어나면 두 번 죽고 두 번 태어나면 한 번 죽는다.**

이제 "우리 주 곧 구주 예수 그리스도의 은혜와 그를 아는 지식에서 자라 가라."벧후 3:18

캐시 켈러 공저

ON MARRIAGE
결혼에 관하여

‖ 우리 부부의 결혼식에서
주례를 맡아 주었고
신학뿐 아니라
우리 부부가 나아가야 할
결혼 생활의 방향까지 바르게 잡아 준
R. C. 스프로울 박사를 추모하며. ‖

1.

결혼관,
‘내 신앙의 민낯’을
마주하다

왜 결혼하는가, 왜 결혼을 망설이는가

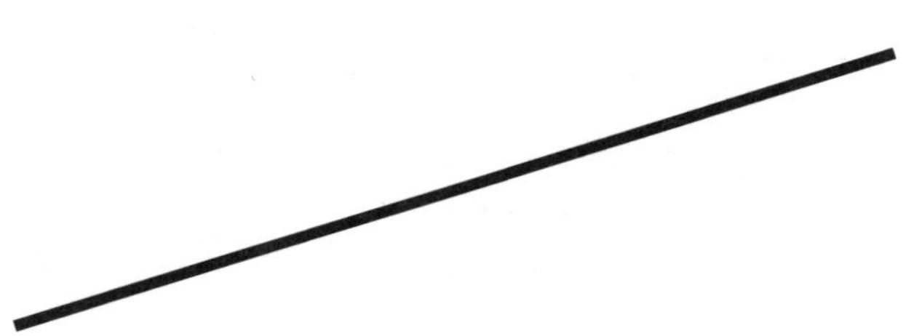

왜 굳이 결혼을 하는가?

전통적인 서구 기독교 결혼식에서 거의 늘 등장하는 표현이 있다. "하나님은 인류의 복지와 행복을 위해 결혼 제도를 만드시고 신성하게 하셨습니다."[1] 맞는 말이지만 현대인들은 거기서 논의를 끝낼 수 없다.

이는 과거 어느 시대보다도 지금 더 긴급한 문제다. 옛날에는 결혼해 자녀를 낳아야 어엿한 사회 구성원이 되었다고 여겼다. 대부분의 사람이 그렇게 살았다. 그러나 오늘날 서구 국가의 젊은이들은 전례 없는 비율로 결혼을 뒤로 미룬다.

미국의 전체 밀레니얼 세대1980년대 초반부터 2000년대 초반 사이에 태어난 세대 가운데 3분의 1은 40세까지 결혼하지 않은 상태일 수 있으며, 아예 결혼하지 않을지도 모르는 사람이 25퍼센트로 이는 현대사의 어느 세대보다도 높은 비율이다.[2] 이유가 무엇일까?

이토록 많은 사람들이 결혼을 선택하지 않는 데는 크게 두 가지 이유가 있다. 하나는 경제적 스트레스, 또 하나는 문화에 팽배한 개인주의다.

결혼을 둘러싼 잘못된 신념들

싱글들 사이에 만연한 다음과 같은 신념에서 경제적 요인을 볼 수 있다. 결혼하려면 먼저 좋은 직장에 취직해 경제적으로 안정되어야 하고, 배우자 쪽도 당연히 그래야 한다고 생각한다. 그 배후에는 결혼 생활은 자원을 축낼뿐더러 특히 아이가 태어나면 더더욱 그렇다는 전제가 깔려 있다. 따라서 고정 수입이 보장돼 있어야 하고, 통장 잔고도 충분해야 하며, 어쩌면 투자 포트폴리오까지 혼전에 다 갖추어야 한다는 것이 세간의 통념이다.

그러나 이런 관점은 현실의 통계와 어긋나고 전통적 결혼관과도 어긋난다. 전통적으로 인간이 결혼하는 이유는 경제적으로 기반을 잡고 안정되어서가 아니라 그렇게 되기 위해서였다. 결혼하면 특유의 경제적 이점이 따라온다. 결혼한 사람이 싱글보다 돈을 훨씬 많이 저축한다고 이미 여러 연구에서 입증되었다. 친구 사이보다 부부 사이가 상대방이 절약하게끔 서로 더 크게 독려해 줄 수 있기 때문이다. 또 부부는 삶에 시련이 닥칠 때 서로에게 버팀목이 되어 주므로 몸도 마음도 싱글에 비해 더 건강할 수 있다.

결혼하는 사람들이 줄어드는 또 다른 요인으로 전문가들은 "표현적 개인주의"를 지적한다.[3] 사회학자들이 즐겨 사용하면서 대중화된 이 말은 점점 확산되는 하나의 문화 동향을 가리킨다.

서구 전통 문화에서는 사람들이 관계 속에서 자아 정체성을 확립했다. 가정과 공동체 안에서, 나아가 하나님의 우주 안에서 내게 주어진 자리가 곧 '나는 누구인가'를 규정했다. 그런 관계 속에서 자신의 본분을 다함으로써 비로소 가치 있는 인간이 되었다.

그러나 현대 사람들은 자기 내면으로 그 방향을 돌렸다. 다른 사람들이 나를 두고 하는 말이나 생각이 '나는 누구인가'를 규정해서는 안 된다. 가치 있는 인간이 되려면 자신의 가장 깊은 갈망과 감정을 찾아내서 표출해야 한다. 먼저 내가 누구인지를 스스로 정한 다음에야 관계 속에 들어갈 수 있는데, 단, 내 기준의 나를 상대 쪽에서 받아들이는 한에서만 그렇다.

우리 문화는 무수한 방식으로 이런 현대적 관점의 정체성을 우리 안에 불어넣는다. 2016년에 개봉한 미국 기준 애니메이션 〈모아나〉를 보면, 폴리네시아 어느 섬의 추장이 딸 모아나에게 입버릇처럼 하는 말이 있다. 모아나는 섬의 차기 지도자이니 앞으로 많은 전통적 책임을 다해야 한다는 것이다.

하지만 모아나는 모험을 찾아 바다로 나가고 싶어 한다. 그런 모아나에게 할머니는 친근한 노래 형식을 빌려, 모아나의 "참자아"는 의무와 사회적 책임을 다하는 것이 아니라 내면 깊이 잠재한 갈망을 표출함으로써 찾을 수 있다고 가르친다. 그러면서 손녀에게 "마음속의 목소리"가 갈망을 따르라고 한다면 "그 내면의 소리가 **바로 너란다**"라고 말해 준다.[4]

텔레비전, 영화, 광고, 교실, 책, SNS, 일상 대화 등 온 사방에서 이 같은 메시지가 우리를 공격해 온다. 그러다 이제는 재론의 여지조차 없어졌다. 은근슬쩍 그것이야말로 진정한 인간이 되는 길인 양 단정된 것이다.

이렇게 정립된 현대식 자아는 그동안 결혼에 적지 않은 영향을 미쳤다. 이제 우리는 고유의 자아 정체성을 스스로 정립하기 전에는 결혼을 생각해 볼 마음조차 없다. 내가 누구인지 직접 다 정하기 전에는 어느 누구의 말도 들으려 하지 않는다. 그뿐만 아니라 모든 관계를 자신에게 유익한 선에서 한시적으로만 맺으려 할 뿐 영속적 구속력을 띠는 관계는 원치 않는다.

이렇게 영속성 탈피에 기준을 두면 결혼, 특히나 자녀 양육은 애물단지로 변한다. 결혼한 상태를 끝내기란 어려울뿐더러 자녀와 연을 끊는 일은 사실상 불가능하기 때문이다. 배우자나 자녀와의 관계 때문에 당신의 "참자아"를 표현할 수 없다면 어찌할 것인가?

그래서 많은 현대인이 자신은 달라질 생각이 전혀 없으면서 자신이 목표를 이룰 수 있게 배우자가 물심양면으로 도와주기를 바라고, 그런 배우자를 만났다는 결단이 설 때에만 결혼을 결심한다.

하지만 타인과의 관계 대신 자신의 내면을 바라봐야만 자아를 발견한다는 생각은 착각이다. 모든 인간의 마음속에는 서로 모순되는 깊은 갈망이 다양하게 존재한다. 두려움과 분노 곁에 희망과 포부도 공존한다. 우리는 이런 모순되는 갈망 가운데 '진짜 내가 아닌' 부분을 정해서 골라내려 한다. 하지만 **그것들이 전부** 나의 일부라면 어찌할 것인가? 무엇이 '나'이고 무엇이 아닌지를 어떻게 가르는가?

답은 우리가 어떤 개인이나 공동체 집단을 우러르고 존중하게 되어 그들의 관점으로 내 마음의 각종 충동을 체질하고 평가한다는 것이다. 다시 말해서 세간의 주장과는 달리 **실제로** 우리의 정체성은 우리의 내면을 보아서만 아니라 여러 중요한 관계와 내러티브를 통해 확립된다. 자신을 보는 우리의 시각은 근본적으로 그렇게 만들어진다. 자기 내면만 보아서는 **불가능한 일**이다.

전통적 결혼관은 다음과 같은 점에서 지혜로웠다. 당시 사람들은 결혼 생활을 통해 자신의 정체성이 깊이 있게 빚어지고 다듬어질 것을 직관으로 알았다. 정체성이란 일상에서 우리 가까이 있는 중요한 타인들과 부대끼는 과정에서 확립되기 때문이다. 심리학자 제니퍼 B. 로즈의 말처럼 "과거에는 사람들이 선뜻 결혼을 결정하고 나서 차차 그 의미를 배워 갔다."[5] 자신의 정체성을 발견하는 데 사랑하고 존중하는 사람과 결혼한 뒤에 둘이 함께 알아 가는 것보다 더 좋은 방법이 무엇이겠는가?

요약하자면 오늘날 결혼율이 감소하는 이유는 결혼에 관한 두 가지 잘못된 신념에서 비롯된다. 바로 결혼이 재정을 고갈시킨다는 것과 개인의 자유와 정체성을 실현하지 못하도록 방해한다는 것이다.

그러나 사회과학자들이 정리한 증거에 따르면 그 두 가지 관점은 옳지 않으며, 결혼은 경제적으로나 심리적으로나 우리에게 매우 유익하다. 아울러 그들이 보여 주었듯이 전통적인 가정 형태는 아이의 행복에 매우 중요하며, 양쪽 부모가 다 있는 가정에서 자라는 자녀가 훨씬 잘된다. 그리스도인에게 이런 연구 결과는 전혀 놀랄 일이 못 된다.[6]

창세기에 보면 하나님은 인류를 창조하실 때부터 결혼을 만드셨다. 물론 이것을 성인이라면 모두 반드시 결혼해야 한다는 가르침으로 이해해서는 안 된다. 예수님도 이 땅에서 싱글로 사셨다. 그분이 바람직한 인간상의 훌륭한 귀감이신 만큼, 우리는 일부 문화처럼 꼭 결혼해야만 인간성이 온전히 실현된다고 주장할 수 없다. 그렇다고 해서 서구 문화처럼 결혼은 신석기 시대에 재산권을 보호할 목적으로 생겨났을 뿐이므로 이제는 마음대로 개조하거나 폐기해도 된다고 보아서도 안 된다.

웬델 베리는 성관계를 부부간에 즐기든 혼외에서

찾든 그것은 "철저히 사적인 결정"이라는 현대 사상을 지적하며 이렇게 이의를 제기했다. "남녀 간 성적 결합은 '일신상의 일'이 아니며 그럴 수도 없다. 또한 부부간의 사적인 문제만도 아니다. 흔히 있는 반드시 필요하고 소중하면서도 불안정한 다른 힘과 마찬가지로 섹스도 모든 사람의 일이다."[7]

혼외 관계에서 나누는 정사는 사생아를 낳고, 종종 질병을 퍼뜨리며, 타인을 인격체가 아닌 쾌락의 도구로 대하게 만든다. 이 모두가 사회 환경에 지대한 영향을 미치며, 그런 환경은 다시 모든 사람에게 영향을 미친다.

이런 사고방식은 현대 서구인의 직관에 매우 반하지만, 다른 시대와 다른 지역의 대부분의 사람들에게는 지극히 자연스러웠다. 결혼에 관한 당신의 선택은 결국 사적인 결정이 아니라 주변 모든 사람에게 영향을 미친다.

결혼은 우리를 위해 만들어졌고 인류는 결혼하도록 지음받았다.

실패할까 봐 두려워서

그런가 하면 현대인이 결혼을 꺼리는 현상을 이런 이유로 설명하는 사람도 많다. “우리 부모님은 무척 힘든 결혼 생활을 이어 오셨다. 나는 그렇게 살기 싫다.”

부부간의 불화를 겪기도, 실패하기도 싫다는 두려움 때문에 많은 사람이 배우자가 될 상대를 아예 찾지 않거나, 찾더라도 흠이나 인간적 약점이 거의 없는 사람을 고르려 한다. 부모가 이혼했으니 자신도 결혼한들 이혼으로 끝날 소지가 높다고 예단하는 사람도 있다.

〈애틀랜틱*Atlantic*〉에 실린 조 핀스커의 기사를 보면, 그게 사실이 아님이 최근 연구에서 밝혀졌을뿐더러 오히려 과거에 접했던 불행한 결혼은 행복한 결혼을 일구는 데 자극이 될 수 있다.[8]

기사에 실린 저스틴 랭이라는 남자의 이야기를 보자. 그의 아버지와 어머니는 이혼한 뒤에 아버지는 두 차례, 어머니는 세 차례 재혼했다. 그래서 그는 결혼 생활이란 무조건 너무 힘드니 자신은 절대 결혼하지 않겠다고 결심했다. 그러다 한 여자를 만나 사랑에 빠졌고 결혼해 지금까지 행복하게 살고 있다. 어찌된 일일까?

"그는 자신이 현재 행복한 이유를 …… 부모의 전철을 밟지 않고 **그 반대로** 살기 때문이라고 밝힌다."[9] 실패한 부모처럼 **하지 않음으로써** 행복한 결혼을 일구는 법을 배웠던 것이다.

무엇보다 그는 자기 부모가 저지른 가장 큰 과오를 짚어 냈다. 말로는 평생 헌신하겠다 해 놓고 "그대로 실천할 마음이 없었다"는 것이다. 이혼이 꼭 필요할 때도 있으며 성경도 이를 허용한다. 그러나 실제로 많은 추적 연구에서 입증된 바로는, 현재 결혼 생활이 불행하다고 말하는 이들도 만일 결혼 생활을 계속 유지할 경우 그중 3분의 2가량은 5년 안에 다시 행복해진다고 한다.[10]

랭의 삶을 보라. 짝만 잘 만나면 부모처럼 싸우지 않으리라는 믿음은 착각이다. 그는 결혼 생활이 힘들 거라는 두려움을 극복했고, 부부 싸움에 대한 두려움도 물리쳤다. 물론 힘들었고 배우자와 다투기도 했다. 그러나 비결은 어떤 상황에서도 그런 것들 때문에 서로를 향한 헌신이 약해지지 않는 데 있었다.

랭은 말한다. "오늘 별의별 시시한 일로 기분이 상

할 수 있지만 나중에도 그게 중요할까? 그냥 그러려니 넘겨 버리고 중요한 부분에 집중하라."[11]

성sex에 관한 오해

과거에 비해 오늘날 남자들이 결혼에 관심이 줄어든 데는 연구자들과 남자들 스스로가 흔히 꼽는 이유가 더 있다. 여러 연구에서 언급했듯이, 언제든지 성관계가 가능해진 현실도 결혼율이 감소하는 이유다.[12] 우리도 남자들에게서 똑같은 말을 직접 자주 들었다. "이전에는 결혼해야만 성관계가 가능했는데 이제 완전히 달라졌습니다."

이런 태도는 성행위를 상품으로 취급한다. 한때는 그 상품의 값이 비쌌다. 독립을 포기하고 결혼해야만 성관계가 가능했으므로 그만큼 대가가 컸다. 그런데 이제는 그리 큰 대가를 치르지 않고도 성관계를 즐길 수 있다. 이런 식의 담론에서는 혼외 정사도 육체적으로나 정서적으로 부부간의 잠자리 못지않거나 어쩌면 더 나을 수도 있다고 여긴다.

처음부터 기독교는 새로운 혁신적 성관념을 세상에 들여놓았다. 성교는 쌍방적 헌신의 한 단면—고유의 희열과 위력을 지닌 불가분의 한 요소—에 불과하다. 나를 제대로 알지도 못하는 사람이 내게 사랑과 존경을 보낸다면 그때 느끼는 만족감은 상대적으로 작다. 상대가 나를 잘 아는데 나를 사랑하지 않고 거부한다면 이는 최악의 악몽이다. 그런데 내가 존경하는 누군가가 내 약한 모습까지 다 알고도 나를 온전히 받아들이고 사랑한다면? 그럴 때 우리는 최고로 만족감을 느끼게 된다.

결혼이라는 틀 안에서 부부는 독립성을 잃어 취약해지며 서로 의존하게 된다. 적당히 거리를 둔 채 한시적이고 잠정적인 거래 관계처럼 배우자를 대할 수 없다. 부부는 정서적, 육체적, 법적, 경제적으로 서로에게 자신을 전부 내준다.

초기 그리스도인들의 경이로운 성윤리에 따르면, 성교는 그런 전폭적 헌신의 상징이자 수단이며, 따라서 다른 어떤 목적으로도 쓰여서는 안 된다. 성관계를 맺는 이유가 딴 데 있다면 이는 그것을 한참 오해한 처사였다. 몸을 허락하려면 남녀 간에 평생의 혼인 언약을 함으로써 서로에게 삶 전체를 열어 보여야 한다. 그런 상황에서만 성교는 본연의 의도대로 충만한 연합 행위가 된다.

“혼외 정사는 없다”는 이 새로운 성규범은 지나치게 엄격한 제약처럼 보였으므로 로마 세계는 충격에 휩싸였다.[13] 그러나 한낱 쾌락을 제공하는 상품이던 성교가 덕분에 오히려 두 인간 사이에 가장 깊은 유대감과 공동체를 창출하는 길이자 또한 하나님을 높이고 닮아 가는 길로 격상되었다. 그분이 우리에게 자신을 전부 내주신 덕분에 우리도 해방되어 오로지 그분께만 자신을 내드릴 수 있다.

> 음행을 피하라 …… 너희 몸은 너희가 하나님께로부터 받은 바 너희 가운데 계신 성령의 전인 줄을 알지 못하느냐 너희는 너희 자신의 것이 아니라 값으로 산 것이 되었으니 그런즉 너희 몸으로 하나님께 영광을 돌리라.
>
> 고린도전서 6장 18-20절

고대 로마 시민처럼 많은 현대인도 성경의 성윤리

를 멋없는 제약이라 여긴다. 그러나 소위 한물갔다는 기독교적 관점이 성에 대한 우리의 더 깊은 직관에 여전히 강한 울림을 준다는 징후와 증거가 많이 있다.

전인적 합의가 뒤따라야 한다

〈뉴욕 타임즈*New York Times*〉에 한 여자가 온라인 데이트 앱에서 만난 남자와 가진 성관계를 기술한 글이 실렸다. 그녀는 서른에 가까웠고 남자는 스물네 살이었으나 나이 차이는 중요해 보이지 않았다.

그녀는 이렇게 밝힌다. "〔남자가〕 사사건건 내 합의를 구했다."[14] 그는 그녀의 스웨터를 벗겨도 되는지 물었고, 그녀가 허락하자 다시 탱크톱과 브래지어를 벗겨도 되는지 차례로 물었다. 그녀는 시시콜콜 일일이 허락을 구하지 않아도 된다고 그에게 웃으며 말해 주었다. 그간 젊은 남자들의 "성교육"에 "극적인 변화"가 있었던 탓에 그들은 자꾸 구두로 합의를 구한다.

그녀는 당시를 이렇게 회상한다. 잠자리가 다 끝난 뒤 "나는 그게 일종의 배려로 느껴져서 오히려 좋았다. 그런 식의 배려에 내가 익숙하지 않았을 뿐이다."[15] 아주 친밀감이 들었다는 것이다.

그런데 나중에 그녀가 문자를 보내자 그는 답이 없었다. 그냥 "잠적해" 버린 것이다. 그녀는 친구들에게 "남자가 거듭 내 합의를 구해서 성관계가 무언가 신성한 행위처럼 느껴졌거든? 그래 놓고는 사라져 버린 거야"라고 허탈한 심정을 고백했다. 그녀는 몹시 상처받았지만 친구들은 그녀의 상심에 공감하지 못했다.

> 그 뒤로 몇 주 동안 곰곰 생각해 보니 현재 우리 문화에서 말하는 합의의 의미는 폭이 너무 좁다. …… 합의를 성적인 부분으로만 국한시키면 의미가 없어진다. 몸은 나의 정체성을 이루는 복잡한 성운星雲의 한 부분일 뿐이다. 합의 문화의 근거를 몸에만 둔다면 이는 육체만 배려하면 된다는 사고와 같다. 그보다는 합의를 …… 상대의 전인격을 배려하는 것으로 볼 수 있다면 좋겠다. …… "내가 당신을 배려하는 것처럼 행동하다가 다음 날 사라져 버려도 될까요?" 라는 물음에 그러라고 답할 사람은 많지 않을 테니 말이다.[16]

하나님이 설계하신 결혼과 성이 성경에 말한 대로라면, 이 여자의 경험은 놀랄 일이 못 된다. 서로에게 삶 전체를 주지 않으면서 몸만 준다면 이는 자아의 통합성을 인식하지 못한 처사다. 하나의 오롯한 인격체에서 몸만 떼어 낼 수는 없다.

남녀 간에 가지는 성관계는 진정 서로의 삶을 주고받는 행위라야 한다. 나중에 제멋대로 떠날 사람에게 몸을 내주면 인간성이 말살된다. 그 사람은 당신을 사랑하지 않는 것이기 때문이다.

합의에 관해 말하자면 그리스도인의 관점이 가장 깊고도 폭넓다. 부부 사이에서만 잠자리를 허용할 수 있다는 그리스도인들의 말은 성행위에는 전인적 합의가 뒤따라야 한다는 뜻이다.

배우자를 찾고 선택할 때

그렇다면 결혼은 어떻게 시작되는가? 물론 대다수 독자는 배우자가 될 사람을 열심히 찾아 나서야 한다고 답할 것이다. 하지만 이는 현대식 답이다. 과거에는 집안에서 배우자를 정해 주었다. 불과 백 년 전까지만 해도 선택은 본인이 내릴지언정 선택의 폭은 집안에서 정해 주었다. 대다수 사람의 생활 반경이 지금보다 좁았으므로 비교적 적은 인원수 중에서 배우자를 골라야 했다. 또한 어려서부터 쭉 직접 만나 서로 교류하면서 사실상 그들 전부를 평가할 수 있었다.

하지만 지금은 완전히 달라졌다. 데이트 앱에 들어가면 약 3천만 명의 가입자가 당신을 기다리고 있다. 배우자 후보가 하도 많아 머리가 어찔할 정도이고, 그 중에서 고르다 지칠 수도 있다. 설령 두려움을 극복한다 해도, 수천 명의 사람을 직접 만나 보지 않고 온라인으로만 만나 평가한다는 방식 자체 때문에 배우자가 될 사람을 찾는 일이 쇼핑 경험으로 변질될 수 있다. 인성을 알 수 없으니 키와 몸무게와 외모 등으로 비교해야 하고, 그 과정에서 인격체가 소비 상품으로 전락하는 것을 피할 수가 없다.

문제는 SNS가 없던 시절에도 그런 식으로 행동하는 경향이 우리에게 너무 농후했다는 것이다. 싱글인 사람이 여러 싱글들이 모여 있는 방에 들어가면 본능적으로 외모와 재정 면에서 자기 기준 미달인 이성을

남녀 간에 가지는 성관계는
진정 서로의 삶을 주고받는 행위라야 한다.
나중에 제멋대로 떠날 사람에게 몸을 내주면
인간성이 말살된다.
부부 사이에서만 잠자리를 허용할 수 있다는
그리스도인들의 말은
성행위에는 전인적 합의가
뒤따라야 한다는 뜻이다.

은연중에 '배우자가 될 만한 사람 리스트'에서 제외한다. 그렇게 일차로 걸러 내고 남은 인원을 다시 보면서 성격, "통하는" 느낌, 궁합 따위를 따져 본다. 문제는 당신이 이미 제쳐 둔 그 사람들이 바로 당신이 원하는 조건들을 가진 그 사람일 수 있다는 것이다.

SNS와 데이트 앱은 그런 자멸을 부르는 전략을 몇 배로 더 증폭시킬 뿐이다. 우선 온라인상에 올라온 교제 대상들은 자신의 모습을 철저히 여과한다는 게 큰 문제다. 성격 좋고 잘 통하는 사람을 찾고 싶은데 한 연구자의 지적처럼 "그것을 온라인으로 판별할 수 있다는 증거가 없다."

노스웨스턴대학교의 일라이 핑클에 따르면, 오히려 온라인일수록 오해가 난무한다. "당신은 어련히 알아서 한다고 생각하지만, 사실은 서로 마주 앉아 음료라도 한잔해 봐야 한다."[17]

그렇다면 온라인으로 사람을 만나려 해서는 안 된다는 말인가? 꼭 그렇지는 않다. 다만 반드시 이런 식으로 진행하기를 권한다. 첫째, 배우자가 될 사람을 "쇼핑하듯" 골라서는 안 된다. 순전히 외모와 재정만 보고 사람을 배제시키지 말라. 둘째, "서로 마주 앉아" 이야기 나누며 알아 갈 수 있는 기회를 마련하라.

일단 상대와 마주 앉을 기회를 마련했다면 거기서 무엇을 보아야 할까?

그리스도인이라면 신자 중에서 배우자 찾기

언뜻 보면 편견 섞인 말 같지만, 기독교 신앙을 공유하지 않은 사람은 당신의 신앙을 이해하지 못한다. 당신이 생각하고 살아가는 방식에 신앙이 조금이라도 중요하다면, 결국 상대는 아예 당신을 이해하지 못하는 셈이다.

결혼 생활이 행복하려면 당연히 서로 말이 "통해야" 하는데 신앙이 같지 않으면 그럴 수 없다. 신앙이 다른데도 배우자와 관계가 깊어지려면 하루하루 지날수록 당신의 생각과 마음에서 예수님을 자꾸만 주변으로 밀어내야만 한다.

바울은 가장 깊은 신념을 공유하지 않은 사람과 가장 가까운 관계로 "멍에를 함께 메지 말라"고 그리스도인들에게 권고했다. 이는 키도 몸무게도 걸음걸이도 제각각인 서로 다른 두 동물, 예컨대 소와 나귀에게 멍에를 함께 씌우려는 농부에게서 따온 은유다. 그렇게 하면 묵직한 나무 멍에 덕분에 팀의 노동력이 극대화되기는커녕 오히려 **양쪽 동물 모두** 살가죽이 쓸려 벗겨진다.

마찬가지로 결혼도 믿음을 실천하는 그리스도인과 그렇지 않은 사람이 하면 양쪽 다 억울하고 괴로울 수 있다.

청춘의 외모를 잃어도 여전히 매력 있을 사람 찾기

부부 사이에는 신체적 매력도 중요하지만 사실은 더 깊은 다른 매력이 기초가 되어야 한다. 아가서에 보면 "그대의 눈짓 한 번 때문에 …… 나는 그대에게 마음을 빼앗기고 말았다"라고 연인이 고백한다. 아 4:9, 새번역 아가서는 부부 사이 성애를 예찬하는 책인데, 본문에서 가장 눈길을 끄는 신체 부위는 서로의 눈이다.

이는 아름다운 외모에 방점을 둔 표현이 아니다. "상대의 눈짓" 한 번에 상대의 성격과 인성을 알 수 있다. 실제로 몸이 늙어 아름다움을 잃어도 눈빛에 담긴 배려와 지혜와 기쁨과 사랑은 더욱 그윽해질 수 있다. 상대의 눈에 매료되었다는 말은 곧 그 사람의 심성에 끌렸다는 말이다.

로맨틱한 매력에서 외모도 빼놓을 수 없지만 그게 가장 중요한 부분이어서는 안 된다. 평생 가는 외모는 없기 때문이다. 바울이 고린도후서 4장 16절에 말했듯이 신자는 몸이 늙어 쇠약해져도 속으로는 더 강건하고 아름다워질 수 있다. 서로의 아름다운 내면에 주목할수록 몸도 더 곱게 나이가 들어간다. 세월이 흘러 물리적 매력은 사그라진다 해도 말이다.

결혼까지 가기 전에 두 사람의 관계에 대해 다른 사람들의 조언 듣기

과거에는 당신이 사귀는 사람을 가족과 친구들이 모르는 경우가 여간해서 없었다. 그래서 당신과 상대를 둘 다 아는 많은 이들에게서 자연스럽게 상대에 대한 피드백을 받을 수 있었다.

그런데 오늘날의 우리는 휴대 전화에 의존해 살아가는 유동적 존재로서 여기저기 옮겨 다닌다. 날마다 수많은 사람들을 만나지만 막상 그들은 우리를 잘 모른다. 반대로 정작 우리를 안 지 가장 오래된 많은 사람은 멀리 떨어져 있어 온라인으로 걸러지는 우리 모습밖에 "볼" 수 없다. 그러다 보면 가장 오래된 지인일수록 우리의 근황을 제대로 모르는 경우가 많다.

그 결과 우리는 점점 고립된 상태에서 많은 결정을 내려야 하는데, 연애와 결혼에 관련한 결정도 예외는 아니다. 하지만 결혼은 아주 중요한 선택이므로 경험으로 지혜가 쌓인 기혼자들의 말을 꼭 들어 봐야 한다. 주변 기혼자들에게 조언을 구하고, 그 지혜를 잘 활용하라.

결혼 생활을 잘 시작하려면

일단 결혼했다면 알찬 백년해로의 기초를 어떻게 놓을 것인가?

결혼하기 전에 캐시는 결혼식 날이 “평생 가장 행복한 날”이라는 말을 수없이 들었다. 하지만 우리 부부는 그 말이 사실이 아니기를 진심으로 바랐다. 결혼식이 끝나고 난 뒤 하루하루 우리는 서로에게 적응하고 서로를 이해하며 섬기는 길로 한 걸음씩 나아갔다. 매일매일 회개와 용서의 열매가 무엇인지 더 배우고 누리는 시간이었다.

우리의 이런 태도는 R. C. 스프로울의 말에 영향을 입었을 수도 있다. 스프로울은 우리 결혼식 주례를 맡아 주었는데, 그가 언젠가 지나가듯 이런 말을 했다.

"베스타와 나는 결혼한 지 15년 되었는데 이제야 좀 감이 잡히네."

이런 말을 들으면 언뜻 눈앞이 아찔해질 수 있다. 결혼 15년차**에야 겨우** 감을 잡았다니 말이다.

하지만 우리가 45년을 부부로 살고 보니, 오히려 그가 '서로의 마음과 생활 리듬을 배우고, 건강한 관계를 위해 자아를 부인하고, 타인이 표현하는 낯선 사랑의 언어를 깊이 아는 데 걸리는 시간'을 너무 짧게 잡았다는 생각이 자꾸 든다.

학습 곡선이 길든 짧든 결혼을 더 잘 일구려면 누구나 시작을 잘해야 한다. 처음부터 기본으로 갖추어야 할 중요한 습관과 실천과 행동과 태도를 몇 가지만 꼽아 보았다. 이게 전부는 아니다.[18]

화난 채로 잠자리에 들지 않기

다들 아는 상투적인 말이 되었지만 그 배후에는 확실한 성경적 근거가 있다. 바로 '해가 지도록 분을 품지 말라'는 바울의 지침이다. 엡 4:26 그러려면 각자의 불만을 억압하고 숨길 게 아니라 당신도 배우자도 몇 가지 새로운 기술을 익혀야 한다.

첫째, 힘든 점을 사실대로 표현하되 공격은 삼간다. 둘째, 배우자에게 상처를 입혔다면 진심으로 회개한다. 단, 변명을 늘어놓거나 지나치게 자책하여 배우자의 입에서 "그만둬, 다 내 잘못이야"라는 말이 나오게 해서는 안 된다. 셋째, 용서를 주고받는 법을 배워야 한다.

의학계의 정설에 따르면 잠자는 시간은 낮 동안 배우고 경험한 내용을 기억과 습관으로 처리하는 시간이다. 배우자에게 화난 채로 잠자리에 들면 원망하는 태도가 몸에 배고, 그게 자꾸 반복되면 분노와 증오가 체질화되는 비극이 발생한다. 화난 채로 잠자리에 들지 않으려면 어떻게 해야 할까?

다음 실천 항목을 보라.

함께 기도하는 것으로 하루의 마지막 말을 맺기

화난 상태로는 기도가 거의 불가능하다. 어쨌든 쉽지는 않다. 설령 5분 동안 자신의 삶과 가정에 하나님의 복을 구하기만 한다 해도, 그분의 임재에 들어가기 위해서는 반드시 먼저 분노를 내려놓아야 한다.

서로에게 성관계를 자주 선물로 주기

신혼부부에게는 쉬워 보일 것이다. 그러나 성욕도 다른 모든 에너지와 같아서 피곤할 때는 부부 사이의 성생활을 잊거나 '더 좋은 때'로 미루기 쉽다. 그렇게 자꾸만 미루다 친밀한 신체 접촉이 부족하면 부부 사이가 멀어질 수 있다. 그래서 우리는 의도적으로 "〔선물로〕 주다"give라는 단어를 썼다.

우리 모두는 왕성한 성욕이 부부에게 동시에 발동한다는 신화에 빠져 있지만, 사실은 대개 한쪽이 상대편보다 성에 더 관심이 많다. 그 경우 관심이 덜한 배우자는 성관계를 선물로 줄 수 있다. 독신자였던 바울도 문화를 거스르면서까지 성경에 똑같이 명했다.

> 남편은 그 아내에 대한 의무를 다하고 아내도 그 남편에게 그렇게 할지라 아내는 자기 몸을 주장하지 못하고 오직 그 남편이 하며 남편도 그와 같이 자기 몸을 주장하지 못하고 오직 그 아내가 하나니 서로

분방하지 말라 다만 기도할 틈을 얻기 위하여 합의상 얼마 동안은 하되 다시 합하라 이는 너희가 절제 못함으로 말미암아 사탄이 너희를 시험하지 못하게 하려 함이라.

고린도전서 7장 3-5절

성생활의 특권이 온통 남자에게 있던 당시 세상에서 바울은 남편이나 아내나 서로의 몸에 평등한 권리를 갖고 있다고 역설했다. 또 합의 없이는 "서로 분방" 하는 일은 좋지 않으며, 한다고 해도 단기간에 그쳐야 한다고 했다.

가정의 생활 방식과 전통, 부부가 직접 정하기

우리는 자라면서 부모나 기타 다른 어른들에게서 남자와 여자, 남편과 아내, 아버지와 어머니, 할아버지와 할머니가 어떤 역할을 담당해 오는지 지켜보았다. 그래서 무의식중에 그런 원형을 자신의 결혼 생활에 품고 올 수밖에 없다.

"남편은 아내를 **저렇게** 대하는 거다. 우리 집은 명절을 **이렇게** 보낸다. 휴가는 늘 바다로 가는 거다."

이런 단정은 부부 생활에 크고 작은 영향을 미친다. 따라서 부부가 그것을 의식적으로 다시 돌아봄으로써 새 가정에서는 어떻게 할 것인지 정하는 것이 가장 좋다.

우리가 결혼할 때 캐시가 품고 온 아버지상은 토요일이면 아내가 늦잠을 자도록 아침 식사를 요리하고 아기 기저귀도 척척 갈아 주는 사람이었다. 자녀가 다섯이라 관록이 쌓여 있었다. 반면에 팀이 자라난 가정에서는 아버지가 새벽 5시에 출근해 저녁에 녹초가 되어 돌아왔다. 그래서 경제 활동으로 가족을 부양하는 일 외에는 그 어떤 집안일도 하지 않았다.

우리 큰아이가 태어난 지 얼마 안 되었을 때 팀의 부모님이 팀을 한쪽으로 불렀다. 아내의 부탁으로 기저귀를 가는 아들을 보며 '공처가'인가 싶어 걱정되었던 것이다. 그때 팀은 "어머니 아버지, 염려는 고맙지만 저희 집은 다르게 합니다"라고 공손하면서도 단호하게 말했다.

크리스마스 선물을 전날 저녁에 뜯을 것인지 당일 아침에 뜯을 것인지 부부가 함께 정하라. 아침에 일어나자마자 음악을 틀거나 텔레비전을 켤 것인가 말 것인가? 신혼집에서 함께 일어난 첫날 아침, 팀이 라디오를 틀자 캐시는 비명을 질렀다. 그것도 미리 의논했어야 했다.

정떨어지게 집안일마다 일일이 협상해 누가 제몫을 다하는지 따져야 한다는 말이 아니다. 남편과 아내가 맡은 성역할에 대해서는 다른 책에서 자세히 논했다. 요지는 새 가정에 맞는 새 전통을 부부가 함께 직접 세우고 만들어 가야 한다는 것이다. 매사에 어떻게 할지를 원가족에 기초해 혼자서만 단정해서는 안 된다.

서로의 "사랑의 언어" 배우기

우리가 지금까지 읽었던 중요한 책들 중에 저드슨 스위하트의 *How Do You Say "I Love You"?*사랑한다고 어떻게 말할 것인가?가 있다.[19] 저자가 책 앞부분에 제시한 예화를 보면 독일어를 쓰는 남자가 프랑스어밖에 할 줄 모르는 여자에게 "이히 리베 디히"Ich liebe dich; 독일어로 "사랑합니다"라는 뜻라고 말한다. 하지만 여자는 그 고백을 듣고도 남자의 진실한 사랑을 느끼지 못한다. 그가 그녀가 알아들을 수 없는 언어로 사랑을 표현했기 때문이다. 저자에 따르면 이는 당연한 일이다. "대다수 사람은 자

기가 알아듣는 언어밖에 할 줄 모르기" 때문이다.[20]

이어 저자가 강조했듯이 사람마다 사랑받고 싶은 방식이 다르다. 우리 경험으로 봐도 정말 맞는 말이다. 우리에게 혼전 상담을 해 줄 때 R. C. 스프로울은 자기 부부 사이에 있었던 일화를 예로 들었다. 그는 생일 선물로 새 골프채 세트를 받고 싶었다. 필요하긴 해도 직접 선뜻 사게 되지 않는 물건이었기 때문이다. 하지만 실속을 중시하는 아내 베스타는 그에게 흰색 셔츠 여섯 벌을 새로 사 주었다. 한편 아내 생일에 그는 멋진 코트를 선물했다. 물론 아내는 놀라고 좋아했지만 사실 그녀가 정말 바란 것은 세탁기였다. 둘 다 서로의 사랑의 언어를 놓친 채 각자의 언어로만 말했던 것이다.

우리 부부의 경우 팀이 집안일을 적극적으로 도와주면 그것이 캐시에게는 말로 사랑을 고백받거나 심지어 선물을 받을 때보다 정서적으로 훨씬 더 크게 다가온다. 다시 말해서 팀이 다른 식으로 표현하는 것보다 그런 식으로 사랑한다고 "말할" 때 캐시는 훨씬 더 사랑받는다고 느낀다. 그녀의 언어로 말하기 때문이다.

"사랑의 언어"의 다양한 종류는 스위하트를 비롯한 여러 사람이 이미 다루었다. 함께 시간 보내기, 정

새 가정에 맞는 새 전통을
부부가 함께 직접 세우고
만들어 가야 한다.
매사에 어떻게 할지를
원가족에 기초해
혼자서만 단정해서는 안 된다.

서적 필요 채워 주기, 말로 표현하기, 스킨십으로 표현하기, 같은 편 되어 주기, 서로의 가장 좋은 면을 보아 주기 등 많이 있다. 배우자의 가장 값진 언어를 알아내 그 언어를 점점 더 유창하게 구사하는 게 중요하다. 설령 당신에게는 그 언어가 그다지 중요하지 않더라도 말이다.

*

서로 대화하고 합의하여 지금부터 위에서 소개한 실천 항목 다섯 가지를 직접 실천해 보라. 지금까지와는 다른 멋진 결혼 생활이 다시 시작될 것이다.

2.

배우자가 너무 좋을 때, 배우자를 포기하고 싶을 때

복음이 안기는 백년해로 사랑법

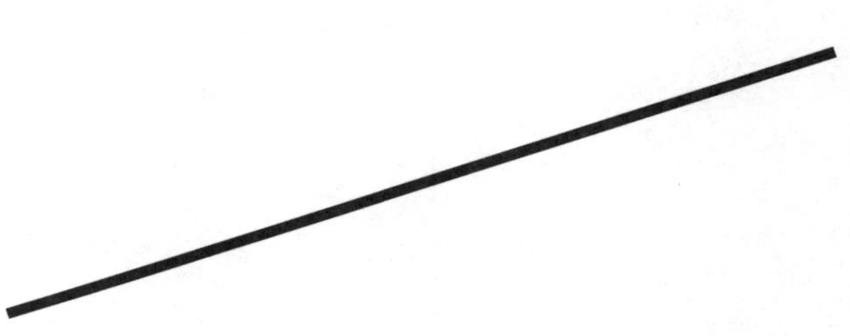

성경은 창세기의 결혼으로 시작해 요한계시록의 결혼 즉 어린양의 혼인 잔치로 끝난다. 기독교적 관점에서 결혼은 우리에게 하나님과 복음을 가리켜 보인다. 또한 동시에 우리의 결혼 생활에 필요한 가장 중대한 자원은 복음에서 나온다.

> 여호와 하나님이 이르시되 사람이 혼자 사는 것이 좋지 아니하니 내가 그를 위하여 돕는 배필을 지으리라 하시니라 여호와 하나님이 흙으로 각종 들짐승과 공중의 각종 새를 지으시고 아담이 무엇이라고 부르나 보시려고 그것들을 그에게로 이끌어 가시니 아담이 각 생물을 부르는 것이 곧 그 이름이 되었더라 아담이 모든 가축과 공중의 새와 들의 모든 짐승에게 이름을 주니라 아담이 돕는 배필이 없으므로 여호와 하나님이 아담을 깊이 잠들게 하시니 잠들매 그가 그 갈빗대 하나를 취하고 살로 대신 채우시고 여호와 하나님이 아담에게서 취하신 그 갈빗대로 여자를 만드시고 그를 아담에게로 이끌어 오시니 아담이 이르되 이는 내 뼈 중의 뼈요 살 중의 살이라 이것을 남자에게서 취하였은즉 여자라 부르리라 하니라 이러므로

남자가 부모를 떠나 그의 아내와 합하여 둘이 한 몸을 이룰지로다 아담과 그의 아내 두 사람이 벌거벗었으나 부끄러워하지 아니하니라.

창세기 2장 18-25절

창세기 2장 본문에서 그리는 최초의 결혼 풍경에서 온전한 백년해로에 필요한 것이 무엇인지 배워 보자. 우리에게 꼭 필요한 것 세 가지가 나와 있다.

배우자가 우상이 되지 않도록

먼저 입장해 서 있는 신랑을 향해 신부가 입장하는 것이 결혼식 관례다. 보통 이때 신부의 아버지나 부모 둘 다, 혹은 다른 사람이 동행한다. 창세기 2장에 보면 이 전통은 에덴동산으로 거슬러 올라간다. 이 경우 하나님이 아내를 남편에게로 이끌어 오신다.

하와를 본 아담은 시를 읊는다. 성경에 나오는 최초의 시로, 대다수 역본에 이 부분은 들여쓰기를 해서 운문 형태로 인쇄되어 있다. 아내를 보는 순간 남자의 입에서 노래가 절로 나온 것이다.

히브리어로 그가 말한 첫 단어는 "드디어"라는 뜻이며 "마침내"로 번역할 수도 있다. "내가 찾던 게 바로 이것이다. 지금껏 내게 이것이 없었다"라는 말이다. 그렇다면 이것은 무엇인가? 아담은 하와를 가리켜 "내 뼈 중의 뼈요 살 중의 살"이라 했다. 창 2:23

"당신 안에 내가 들어 있다. 당신을 앎으로써 드디어 나를 알 수 있게 되었다"라는 말이나 같다.

아담이 이 말을 한 곳이 낙원임을 잊지 말라. 이 낙원은 하나님과 그의 관계가 완전했던 곳이다. 그런데도 배우자와 짝지어지는 일이 워낙 우리 안의 심연에까지 파고드는 일이다 보니 아담에게서 예술적 표현의 찬사가 터져 나온다. 여기 우리가 한평생 결혼 생활에 성공하려면 반드시 알아야 할 중요한 사실이 있다.

찬송가 〈나 같은 죄인 살리신〉의 가사를 쓴 것으로 잘 알려진 존 뉴턴은 18세기 영국의 목사이기도 했다. 그가 갓 결혼한 어느 젊은 부부에게 보낸 편지가 지금까지도 여러 통 남아 있다. 그가 신혼부부를 상담할 때 자주 한 말이 있다. 불행한 결혼을 가장 큰 문제라 생각할지 모르지만 행복한 결혼도 그 못지않게 영적으로 중대한 위험이 될 수 있다는 것이다. 직접 그의 말로 들어 보자.

> 이렇게 사랑스러운 짝을 만났으니 이제 그대들의 가장 큰 위험은 너무 행복해지는 데 있습니다. 아, 우리의 거짓된 마음은 형통한 시절에 우리를 가장 중대한 악으로 유혹합니다. 바로 생수의 근원을 떠나서 터진 웅덩이 옆에 앉는 것이지요. 그래서 두 사람에게 당부하노니 우상 숭배를 조심하십시오. 나도 이 문제로 고생했습니다. 그것이 온갖 가상의 두려움으로 나를 괴롭히며 지독한 굴욕과 비탄에 빠뜨렸습니다. …… 자꾸만 행위 언약으로 치닫는 그 낡은 누룩이 지금도 내게 들러붙어 있습니다.[1]

무슨 말인가? 뉴턴은 성경의 은유를 빌려 왔다. 본문에서 말하는 웅덩이는 바위나 회반죽을 이용해 만든 물 저장고로, 위쪽이 트여 있었다. 옛날 사람들은 거기에 빗물을 받아 집에서 썼다. 여기에 금이 가면 물이 새 버려서 목마름을 해결할 방도가 없었다.

선지자들은 "터진 웅덩이"렘 2:13라는 은유를 통해

우리가 가장 깊은 만족과 안전을 하나님에게서 찾지 않고 세상 것들에서 찾으려 한다고 지적했다. 예수님도 사마리아 여인에게 궁극적 만족은 연애와 결혼이 아니라 오직 "생수"의 근원이신 그분께만 있다고 말씀하셨다. 요 4:14

뉴턴의 말처럼 행복한 결혼은 당신의 마음을 하나님에게서 배우자에게로 돌려놓을 위험성이 높다. 하나님이 아닌 배우자에게서 사랑과 안전과 기쁨을 찾는 것이다. 그뿐만 아니라 그는 행복한 결혼 때문에 자칫 우리가 "행위 언약"으로 되돌아갈 수 있다고까지 말한다. 이 말은 무슨 뜻인가?

"행위 언약"은 옛 신학 용어로 구원을 자신의 행위로 얻어 낸다는 개념이다. "내가 착하게 살고 있으니 하나님이 당연히 내게 복을 주시고 천국에 가게 하시리라"라는 믿음이다. 반면에 기독교의 복음은 이런 사고방식과는 정반대다. 성경에 보면 "너희는 그 은혜에 의하여 믿음으로 말미암아 구원을 받았으니 이것은 너희에게서 난 것이 아니요 하나님의 선물이라 행위에서 난 것이 아니니 이는 누구든지 자랑하지 못하게 함이라"라고 했다. 엡 2:8-9

성공회 목사였던 존 뉴턴도 그 사실을 적어도 머리로는 속속들이 알았다. 그런데 실제로는 결혼과 자기 아내를 우상화하다가 도로 행위 언약에 빠져들었다. 우리도 그렇게 될 수 있다. 하나님만이 주실 수 있는 것들을 배우자에게서 바라고, 배우자가 보내오는 사랑과 존경과 인정에서 자존감과 존재감을 얻으려 할 수 있다. 배우자를 바라보며 구원을 얻으려 한다. 행위 언약으로 되돌아가는 셈이다.

그렇게 되기 쉬운 이유는 결혼이 그만큼 위대하기 때문이다. 위대하다 보니 자칫 인생 최고의 것으로 둔갑하기 쉽다.

뉴턴에 따르면 그 결과 남는 것은 많은 두려움과 굴욕과 비탄이었다. 왜 그럴까? 배우자에게 늘 건강하고 행복하고 나를 기뻐하고 인정해 주어야 한다는 감당 못할 중압감을 떠안기기 때문이다. 그렇게까지 과중한 기대에 부응할 수 있는 사람은 아무도 없다.

배우자가 비판의 말을 한마디라도 할라치면 당신은 무너져 내릴 수 있다. 부부간에 문제가 생겨도 참담하기는 마찬가지다. 둘 사이가 조금이라도 틀어지면 그때부터 당신의 삶이 무너질 수 있다. 그러다 배우자가 죽으면 관 속에 누운 "신"이 어떻게 사랑으로 당신을 위로할 수 있겠는가?

그러니 어떻게 해야 할까? 그렇다고 배우자나 배우자 될 사람을 덜 사랑하려 해서는 안 된다. 대신 하나님을 더 사랑해야 한다. C. S. 루이스는 어떤 인간을 "너무 많이" 사랑하는 건 거의 불가능한 일이라고 말한다. 하나님을 향한 사랑에 비해 인간을 훨씬 많이 사랑할 수는 있다. 그러나 궤도를 벗어난 쪽은 하나님을 향한 너무 작은 사랑이지 인간을 향한 후한 사랑이 아니다. 하나님과 참되고 실존적인 사랑의 관계를 맺지 않는 한 결혼은 우리를 낭패에 빠뜨리고 말 것이다.[2]

전통 사회의 관점대로라면 당신은 누군가의 배우자가 아닌 한 별 볼 일 없는 존재다. 그러나 예수님도 이 땅에서 싱글로 사셨다. 바울도 고린도후서에서 이렇게 말한다.

"결혼하고 싶은가? 좋다. 결혼하지 않았는가? 그것도 좋다."

바울의 말은 이런 뜻이다. 싱글이어도 얼마든지 그리스도를 통해 하나님과 한없이 친밀한 관계를 맺고 다른 그리스도인 형제자매들과도 하나님의 가족으로서 아주 끈끈한 관계를 누릴 수 있다. 따라서 이들 싱글들의 삶에 가족적인 유대가 없다거나 가장 큰 사랑이 결여되어 있다고 생각해서는 안 된다.

요약하자면 **최고의** 결혼에 가장 필요한 요소는 역설적이게도, 결혼이 최우선이 아님을 깨닫는 것이다. 하지만 이는 시작에 불과하다.

먼 길을 가려면

창세기 2장 18절에 "여호와 하나님이 이르시되 사람이 혼자 사는 것이 좋지 아니하니 내가 그를 위하여 돕는 배필suitable helper, NIV을 지으리라 하시니라"라고 했다. 여기 "돕는"에 해당하는 히브리어 원어 "에제르"는 성경에서 보통 병력 보강을 표현할 때 쓰였다.

당신의 소부대가 적의 천만대군 앞에 쩔쩔매고 있다고 생각해 보라. 이때 갑자기 지원군이 몰려와 전투력을 증강해 준다. 얼마나 기쁘고 안도가 되겠는가! 그들이 없었다면 당신은 패전했을 것이다. 본문의 단어가 바로 그런 의미다.

최고의 결혼에
가장 필요한 요소는
역설적이게도,
결혼이 최우선이 아님을
깨닫는 것이다.

이 단어는 성경 도처에서 하나님을 지칭할 때 자주 쓰인다. 그래서 "돕는 자"란 '조수'가 아니라 내게 없는 부분을 보완해 줄 힘을 갖춘 존재를 뜻한다. 최초의 부부에서 아내인 여자가 바로 그랬다.

그런데 한 단어가 더 있으니 곧 "배필"suitable; 부부로서의 짝이다. 이 부분을 "내가 그에게 **맞는**fit 돕는 자를 지으리라"라고 옮긴 역본들도 있다. KJV 성경에는 하나님의 이 말씀이 "내가 그에게 **그를 충족시키는**meet 돕는 자를 지으리라"라고 되어 있다. 그래서 전통적으로 아내를 "helpmeet"내조자, 협력자라 표현했으나 지금은 말 그대로 그저 옛말에 지나지 않는다.

그러나 히브리어 원문의 의미를 십분 이해하려면 더 깊이 들어가야 한다. "내가 그를 위하여 돕는 배필을 지으리라"로 옮겨진 문장에서 "배필"에 해당하는 부분은 본래 히브리어로 두 단어다. 원문을 직역하면 "내가 그와 **같으면서도 정반대인** 돕는 자를 지으리라"가 된다. 언뜻 서로 모순처럼 보인다. "같다"는 말인가 "반대"라는 말인가?

하지만 덕분에 오히려 의미가 명료해진다. 두 조각으로 된 퍼즐을 생각하면 된다. 양쪽이 맞으려면 서로 똑같아서도 안 되고 아무렇게나 달라서도 안 된다. **제대로** 달라야만 서로 완벽하게 맞아들어 전체를 완성시킨다. 즉 일치성과 보완성을 동시에 갖추어야 한다.

하나님이 아담(과 또한 결과적으로 하와)의 삶에 보내신 사람은 엄청난 힘의 소유자이되 그 힘은 둘이 서로 달랐다. "그와 같으면서도 정반대인"이라는 말에 많은 뜻이 있겠지만 일단은 대체가 불가하다는 뜻이다. 남성에게 없는 아름다움과 영광과 시각과 능력이 여성에게 있고 그 반대도 마찬가지다. 결혼을 통해 당신의 삶에 이성異性이 들어온다. 심오하고도 신비롭게 당신과는 다른 사람이다.

그동안 많은 사람이 남성성과 여성성을 정의하려고 구체적 특성들을 열거했다. 그러나 당신도 시도해 보면 금방 알겠지만, 그런 특성은 다양한 문화권에 사는 사람들 모두에게 다 들어맞지는 않을뿐더러 사람들의 다채로운 기질들에도 맞지 않는다. 결정적으로 남성과 여성의 특성은 성경에도 규정된 바가 없다.

그러나 성경, 그중에서도 특히 창세기 1-2장은 성차gender differences는 당연히 존재한다고 전제한다. 본문은 남성성과 여성성으로 함께 완전무장을 해야만 부부로서 능히 삶을 감당할 수 있다는 메시지를 전한다. "돕는"에 해당하는 원어의 배후에 그런 군사적 의미가 깔려 있으며, 둘이 합력해야만 패하지 않을 수 있다.

우리 부부는 두 사람 다 성별 고정관념에 들어맞지 않는다. 전통적 기준으로 보면 팀도 별로 남성적이지 않고 캐시도 여성성이 강하지 않다. 그런데 결혼한 지 오래지 않아서 우리가 깨달은 것이 있다. 우리는 세상을 아주 다르게 볼 때가 많으며, 이런 차이를 기질이나 집안이나 사회 계층이나 출신 민족 때문이라고 판단해 버릴 수는 없다는 것이다.

예를 들면 캐시는 팀이 당면 과제에 집중하기 위해 자신의 감정과 두려움을 접어 두는 모습에 깜짝 놀랐다. 물론 캐시도 여자로서 얼마든지 한 목표에 집중해 매진할 수 있었지만 팀은 아주 다른 방식으로 그렇게 했다. 팀은 자신에게 그런 면이 있는지조차 몰랐는데 캐시가 이를 짚어 냈다. 이성異性이면서 늘 지척에 있으니 잘 보이는 것이다.

세월이 흐를수록 매사에 더 실감하게 되거니와, 결혼 생활을 이어 오는 동안 우리는 서로 맞물려 더 큰 전체를 이루는 두 조각의 퍼즐처럼 되었다. 이제 팀은 순간적으로 반응해야 할 일이 생길 때 캐시라면 이 상황에서 어떻게 생각하고 말하고 행동할지를 안다. 번번이 아내와 부대끼면서 아내의 시각이 팀에게 내면화된 것이다.

그렇게 아내의 반응까지 아우르다 보니 할 수 있는 반응의 폭이 넓어졌다. 그 짧은 순간에 '아내라면 분명 이렇게 할 텐데 혹시 그게 내가 습관적으로 하는 방식보다 더 지혜롭고 적절한 행동은 아닐까?'라는 생각이 드는 것이다. 실제로 이제 팀은 아내의 방식대로 할 때가 많다.

이렇듯 팀의 지혜라는 자산은 다변화되었다. 팀은 사람이 달라졌으면서도 여전히 그 자신이다. 사실은 세월이 가면서 아마도 여러모로 더 남자다워졌을 것이다. 어찌된 일일까?

팀의 삶에 캐시가 들어왔다. 이제 그는 아내의 눈을 통해 자신의 정체성을 더 잘 알게 되었을 뿐 아니라 더 성장했다. 본연의 자신이 되어 가는 것이다. 이는 자신과 같으면서도 정반대인 사람과 날마다 가까이서 교제했기 때문에 가능했다. 물론 상대가 자신이 아니다 보니 많은 고통도 따랐다.

굳이 말할 필요도 없겠지만 그래도 말해야겠다. 남편도 아내를 도와야 한다. 하와만 아담의 삶에 불려와 여성의 자원으로 그를 본연의 존재가 되도록 도와야 했던 것이 아니다. 에베소서 5장 25-27절에 나와 있듯이 남편도 그리스도께서 우리를 사랑하시듯 아내를 희생적으로 사랑해야 하며, 결점과 흠을 극복해 영광스럽고 아름다워지도록 아내를 도와야 한다.

목적이 똑같다. 역할만 바뀌었을 뿐 창세기 2장과 같다. 아내가 남편을 도와야 하듯이 남편도 특화된 남성의 자원으로 아내를 도와 하나님이 지으신 본연의 존재가 되도록 해 주어야 한다.

그런데 이 모두는 먼 길을 가는 긴 여정을 통해서만 가능하다. 사람이 본연의 존재로 변화되는 일은 하루아침에 되지 않는다. 우리는 서로 다른 은사와 희생적 사랑으로 서로의 성장과 형통을 돕되 평생 지속해야 한다.

안타깝게도 우리 문화에 점점 만연해 가는 결혼관은 그와 다르다. 오늘날 우리는 소비자다. 소비자는 늘 본능적으로 비용편익분석 의사결정을 할 때 비용과 편익을 따져 여러 대안 가운데 최적의 대안을 선정하는 기법을 한다. 투자

하고 사고팔아 수익을 남긴다는 시장 논리가 결혼을 비롯해 우리 삶의 모든 영역에 침투해 들어왔다. 그래서 우리는 내 필요를 채워 줄 사람, 다루기 힘들지 않은 사람, 나를 변화시키려 들지 않을 사람, 모든 면에서 나와 찰떡궁합인 사람을 배우자로 찾는다.

배우자가 나와 "같으면서도 정반대인" 사람이어서 나에 관해 듣기 싫은 말이라도 할라치면 우리는 이렇게 되받는다. "결혼 생활은 행복해야 되는데 이건 아니다. 왜 우리는 늘 이렇게 부딪치지?"

답은 당신이 **도움**을 받고 있기 때문이다. 이 불편을 끝까지 견뎌 내야만 당신은 하나님이 원하시는 본연의 존재가 될 수 있다.

지금까지 살펴보았듯이 우리는 부부 생활을 하면서 배우자가 우상이 되지 않도록 조심해야 하고, 또 길이 멀고 때로 험하므로 인내해야 한다. 이 둘은 서로 상반되는 개념이다. 순진무구한 연애 감정에 젖어 배우자를 맹목적으로 받들어 모셔서는 안 된다. 그러나 또 한편으로 이렇게까지 나와는 다른 사람을 사랑하기가 고역이라며 분노해서도 안 된다. 배우자가 귀에 거슬리는 말을 하더라도 말이다.

그리스신화에 나오는 율리시스는 서로 마주 대하고 있던 두 바다 괴물 사이로 배를 항해해야 했다. 스킬라에게 너무 가까워지면 자칫 항로를 너무 홱 돌려 카리브디스의 세력권 안으로 흘러들 위험이 컸다. 이처럼 배우자를 우상으로 삼지 않으려다가 반대로 깊은 환멸의 늪에 빠져든 사람이 실제로 많이 있다.

두 "괴물"을 다 피하려면 무엇이 필요할까? 결혼에 너무 크지도 않고 너무 작지도 않은 기대를 하려면 어떻게 해야 할까?

복음만이 줄 수 있는 즐거운 사랑법

다시 창세기 2장 18절을 보면 "여호와 하나님이 이르시되 사람이 혼자 사는 것이 좋지 아니하니"라고 되어 있다. 이 말씀은 뜻밖이다. 아직 죄가 없던 낙원에서 아담은 왜 외롭고 불행하단 말인가? 하나님과의 관계가 완전한데 어떻게 외로울 수 있는가?

가능한 답은 하나뿐이다. 하나님이 아담에게 그분 외에 다른 사람도 필요하게 하셨다. 물론 우리 심령에 하나님의 사랑이 **최고로** 필요하지 않다는 말이 아니다. 당연히 그분이 첫째다. 다만 하나님은 우리를 인간의 사랑도 꼭 필요한 존재로 설계하셨다.

이것이 하나님으로서 얼마나 겸손하고 이타적인 행위인지 생각해 보라. 인간을 지으시되 그분만이 아니라 많은 대인 관계타인의 자아와 마음도 필요하게 하셨으니 말이다. 따라서 하나님이 인간을 지으신 목적이 그분 스스로 외롭지 않기 위해서라든지 사랑할 대상을 바라서라든지자식을 낳는 부모처럼 예배자가 필요해서라는 식의 논리는 명백히 허위다.

그러나 이조차도 그분이 구약 후반부에 보여 주신 겸손과 희생적 사랑에 비하면 아무것도 아니다. 즉 그분은 이사야와 예레미야와 호세아 같은 선지자들을 통해 "나는 신랑이고 내 백성 너희는 신부다"라고 거듭 말씀하신다.

"신랑"의 은유는 당신을 완전히 만족시켜 줄 연인이자 배우자가 오직 하나님뿐이라는 뜻이다. 그분이 궁극의 "배필"이시다. 마르틴 루터는 그것을 이렇게 표현했다.

> 내 주는 강한 성이요 방패와 병기 되시니
> 큰 환란에서 우리를 [도와] 구하여 내시리로다.

그분이 모든 "환난" 중에 당신을 도우심은 당신과 "같으면서도 정반대인" 분이시기 때문이다. 우선 그분이 당신과 같다 함은 당신이 그분의 형상대로 창조되었기 때문이다. 그분처럼 당신도 관계 속에 존재하는 인격체다. 그러나 그분은 당신과 달리 완전히 거룩하시다. 그분이 당신의 삶에 오시지 않는 한 당신은 결코 본연의 존재가 될 수 없다.

또 "신랑"이라는 호칭의 의미상 그분은 단지 추상적 신념의 대상이거나 당신을 규율로 복종시키는 신이 아니다. 당신과 그분 사이에 친밀한 교제가 있어야 한다. 그분은 기록된 말씀을 통해 당신에게 말씀하시고, 당신은 기도와 예배로 그분께 영혼을 쏟아 놓아야 한다.

남편이신 그분의 사랑이 성령으로 말미암아 당신의 마음에 부어져야 한다. 롬 5:5 인간 배우자를 우상과 구주로 삼지 않으려면, 삶에서 하나님이 신랑이 되셔야만 한다.

"신랑"의 은유에는 하나님이 세상 누구보다도 가장 인내하며 오래 참으시는 배우자라는 뜻도 있다.

자기 백성의 신랑 되신 하나님은 성경 전체를 관통하는 주제다. 물론 구약에서 그분은 이스라엘의 남편으로 자처하신다. 그런데 이스라엘은 계속 다른 신들을 숭배했고, 이는 영적 간음죄로 표현된다. 예레미야 2-3장과 에스겔 16장에 이 "불행한 결혼"이 생생히 묘사되어 있으나, 이 주제에 대한 가장 유명한 해설은 호세아서에 나온다.

거기 보면 하나님이 "이 나라가 여호와를 떠나 크게 음란함이니라"호 1:2라고 하시며 선지자에게 고멜과 결혼하도록 명하시는데, 고멜도 장차 호세아를 떠나 외도를 일삼을 "음란한 여자"다.[3] 그리고 정말 그 일이 실제로 벌어졌다. 고멜은 다른 남자들을 찾아다닌다.

이 이야기에서 가장 유명하고도 가슴에 사무치는 대목은 3장에 나온다. 고멜은 음란한 정도가 아니라 몸을 팔기까지 했던 것 같다. 그래서 호세아가 아내를 되찾으려면 그녀를 소유하고 있던 남자에게서 그녀를 도로 사 오는 수밖에 없었다. 하나님이 그렇게 명하셨다. 호세아의 기록을 보자.

여호와께서 내게 이르시되 이스라엘 자손이 다른 신을 섬기고 건포도 과자를 즐길지라도 여호와가 그들을 사랑하나니 너는 또 가서 타인의 사랑을 받아 음녀가 된 그 여자를 사랑하라 하시기로 내가 은 열다섯 개와 보리 한 호멜 반으로 나를 위하여 그를 사고 그에게 이르기를 너는 많은 날 동안 나와 함께 지내고 음행하지 말며 다른 남자를 따르지 말라 나도 네게 그리하리라 하였노라.

호세아 3장 1-3절

이는 단지 지칠 줄 모르는 감동적인 사랑 이야기가 아니라 그 이상이다. 하나님이 말씀하시는 바는 이것이다. 부정한 배우자를 사랑하려면 값비싼 희생이 따르듯이 그분도 대가와 희생을 마다하지 않고 우리를 끝까지 사랑하시겠다는 것이다. 그리고 그 논리적 귀결이 바로 예수님의 삶과 죽음으로 나타난다.

마태복음 9장에서 종교 지도자들이 예수님께 "어찌하여 당신의 제자들은 금식하지 아니하나이까"라고 묻자 그분은 "혼인집 손님들이 신랑과 함께 있을 동안에 슬퍼할 수 있느냐"라고 답하신다. 금식은 회개와 기도를 수반하는 종교 의식이다. 예수님은 뻔한 사실을 비유 삼아 답으로 내놓으셨다. 결혼 피로연에 가서 금식하는 사람은 없다는 것이다.

자신을 **신랑**이라 일컫는 그분의 말씀에 당시 청중은 틀림없이 기겁했을 것이다. 이스라엘의 신랑이 주 하나님임을 모르는 사람이 없었다. 그런데 예수님이 그렇게 자처하신 것이다. 이어 그분은 "그러나 신랑을 빼앗길 날이 이르리니 그 때에는 금식할 것이니라"라고 덧붙이셨다. 마 9:15

예수님은 자신에 관해 두 가지를 말씀하신 셈이다. 첫째, 그분은 우리의 신랑인 하나님이시다. 둘째, 그분은 우리를 위해 죽으러 오셨다. 신랑을 빼앗긴다는 말이 그런 뜻이다.

호세아서에서 암시된 내용이 신약에서는 대서특필된다. 하나님은 자기 백성의 연인이자 배우자시다. 그런데 우리는 그분께 최악의 결혼을 드렸다. 그분이야말로 가장 오래도록 최악의 결혼 생활을 하고 계시다. 우리 마음은 그분을 등지고 우상에게로 향하기 일쑤였다. 우리는 지독히 형편없는 배우자였으나 그분은 우리를 버리지 않으셨다.

예수 그리스도 안에서 하나님은 세상에 오셔서 십자가의 죽음이라는 대가를 치르시고 우리를 죄와 온갖 굴레로부터 사셨다. 그분이 성경에서 우리에게 하시는 말씀은 사실상 이렇다.

"예수 그리스도 안에서 나는 너희를 위해 목숨을 버렸다. 너희가 흠 많고 부족한 사람을 사랑하려면 매번 해야 할 일을 나는 만천하에 훤히 보이게 행했다. 바로 대속의 희생이다. 내 의가 너희에게 전가될 수 있도록 너희 죄와 악과 문제를 내가 대신 진 것이다. 알겠느냐? 이제 너희는 내가 너희를 얼마나 사랑하고 기뻐하는지 알리라."

세상에 이보다 더 위력적으로 삶을 바꾸어 놓는 메시지는 없다.

이 사실을 의지할 때 우리는 세상에서 가장 큰 힘을 얻어 결혼 생활이라는 힘들고 먼 길을 갈 수 있다. 예수님이 "자기" 땅에 오셨으나 자기 백성이 영접하지 않았음을 잊지 말라. 요 1:11

이 책을 읽는 이들 중에 결혼 생활이 불행해 '내 남편이아내가 나를 아예 십자가에 매다는구나'라는 생각이 드는 사람이 있을 수 있다. 그런데 하나님께는 그 일이 실제로 벌어졌다.

예수님이 우리를 사랑하심은 우리가 선해서가 아니라 우리를 선하게 하시기 위해서다. 그분의 사랑은 그분 자신을 위한 것이 아니라 **우리를** 위한 것이다. 그래서 그분은 우리를 떠나지 않으시고 끝까지 사랑하신다. 까다로운 배우자를 포기하고 싶어질 때마다 당신을 오래 참으신 예수님을 기억하라.

백년해로하려면 배우자를 보며 수도 없이 이렇게 말해야 한다. "당신이 내게 상처를 입혔지만 나는 최고의 배우자이신 예수 그리스도께 상처를 입혔습니다. 그런데도 그분은 계속 나를 덮어 주시며 용서하십니다. 이렇게 그분께 받은 사랑이 족하기에 나도 당신에게 똑같이 줄 수 있습니다."

그래야만 인내하며 먼 길을 갈 수 있다.

다시 돌아가서, 우상 숭배에 빠지지 않는 비결도 배우자이신 그리스도의 사랑을 아는 데 있다. 마르틴 루터는 고전이 된 논문 "그리스도인의 자유에 관하여"에 이렇게 썼다.

믿음의 비할 데 없는 은혜 가운데 세 번째는 아내와

남편이 연합하듯이 사람이 믿음을 통해 그리스도와 연합한다는 것이다. …… 그 결과 서로의 좋고 나쁜 모든 면이 공동의 소유가 된다. 즉 신자는 그리스도의 모든 소유를 자신의 것으로 취해 자랑할 수 있고, 그리스도는 그 사람에게 속한 모든 것을 그분의 소유로 삼으신다. …… 믿음이 들어서면 내 죄와 사망과 지옥은 그리스도의 몫이 되고 그분의 은혜와 생명과 구원은 우리 몫이 된다. 그분은 남편이시니 아내의 짐을 맡으심과 동시에 자신의 것을 아내에게 주셔야 한다. …… 믿음이라는 결혼반지 덕분에 …… 신자는 …… 모든 죄에서 해방되어 죽음이 두렵지 않고 지옥도 면한다. 대신 우리의 남편이신 예수 그리스도의 영원한 의와 생명과 구원이 우리에게 주어진다.
왕 되신 그분과의 혼인이 얼마나 고귀한지 다 알 사람이 누구랴? 그분의 풍성하고 영광스러운 은혜를 뉘라서 능히 헤아리랴? …… 이 모두에서 새삼 깨닫듯이 믿음을 그토록 중시하는 데는 그만한 이유가 있다. 믿음만이 율법을 충족시켜 행위 없이도 칭의를 이룰 수 있다.[4]

루터의 말대로 "왕 되신 그분과의 혼인이 얼마나 고귀한지 다 알" 사람은 없지만, 그래도 우리는 알려고 해야 한다. 배우자이신 그리스도의 사랑을 날마다 생각하고 음미하고 누리고 즐거워해야 한다. 그러면 인간 배우자에게서 받아야 할 사랑을 우상화할 일도 없을뿐더러, 예수 그리스도 안에만 있는 "은혜와 생명과 구원"이 우리에게 주어진다.

당신을 정말 구원하실 배우자는 예수 그리스도뿐이시다. 그분만이 당신을 참으로 만족시켜 주실 수 있다. 그분과의 결혼은 사람과의 결혼을 떠받칠 가장 확실한 주춧돌이다.

배우자이신 그리스도의 사랑을
날마다 생각하고 음미하고
누리고 즐거워해야 한다.
당신을 정말 구원하실 배우자는
예수 그리스도뿐이시다.
그분만이 당신을 참으로 만족시켜 주실 수 있다.
그분과의 결혼은 사람과의 결혼을 떠받칠
가장 확실한 주춧돌이다.

3.

결혼, 한낱 '이 땅의 일'에 불과한가

진정한 혼인 잔치의 시작

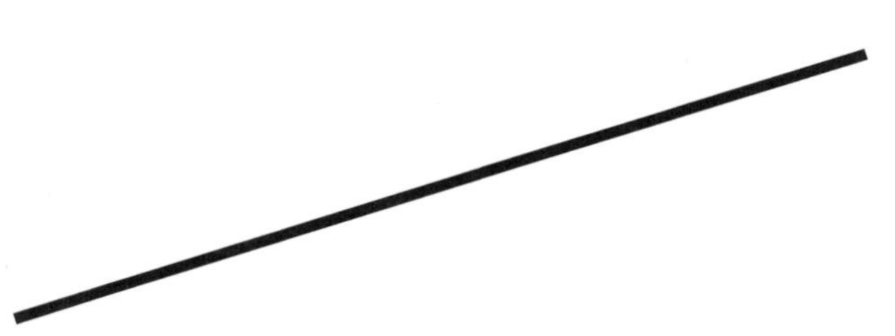

또 내가 들으니 허다한 무리의 음성과도 같고 많은 물소리와도 같고
큰 우렛소리와도 같은 소리로 이르되
할렐루야 주 우리 하나님 곧 전능하신 이가 통치하시도다
우리가 즐거워하고 크게 기뻐하며 그에게 영광을 돌리세
어린양의 혼인 기약이 이르렀고 그의 아내가 자신을 준비하였으므로
그에게 빛나고 깨끗한 세마포 옷을 입도록 허락하셨으니.

요한계시록 19장 6-8절

○

또 내가 새 하늘과 새 땅을 보니 처음 하늘과 처음 땅이 없어졌고
바다도 다시 있지 않더라
또 내가 보매 거룩한 성 새 예루살렘이
하나님께로부터 하늘에서 내려오니
그 준비한 것이 신부가 남편을 위하여 단장한 것 같더라.

요한계시록 21장 1-2절

“죽음이 우리를 갈라놓을 때까지”라는 말에서 보듯이 전통적으로 결혼의 여정에는 끝이 있다. 어떤 의미에서 죽음은 결혼이 끝났음을 의미한다. 그래서 배우자와 사별한 사람은 재혼할 자유가 있다.

그러나 기독교적 관점에서 보면 결혼은 우리에게

영원한 연합을 준비시켜 준다. 이 땅에서의 결혼은 그 연합의 맛보기일 뿐이어서 현세에서 결혼한 두 그리스도인이 죽음 때문에 관계가 끝나거나 축소된다고 볼 필요는 없다.

결혼의 결말을 제대로 이해하려면 성性, 인류 역사의 최종 목적지, 부활을 살펴보아야 한다.

장차 맞이할 그 날의 예고편

많은 사람이 이야기했듯이 성경은 고상한 척하는 책이 아니다. 성경은 성애의 아름다움과 기쁨을 자주 예찬한다. 남편에게 아내의 품을 연모하라고 말하는 잠언 5장 18-20절도 그렇고, 심지어 아가서는 책 전체가 그 주제다. 그러나 성경이 말하는 성생활은 솔직함과 즐거움을 넘어 영광으로 나아간다.

로마서 7장에 사도 바울은 그리스도인을 한때 "율법"과 결혼했던 여자에 비유한다. 스스로의 행위로 구원을 얻어 내려 했다는 말이다. 하나님의 도덕법을 종교적으로 준수했을 수도 있고, 재물이나 성공이나 무은 대의를 추구했을 수도 있다. 그런데 그리스도를 믿는 순간 우리는 "죽은 자 가운데서 살아나신 이"와 결혼했으며, 이는 "우리가 하나님을 위하여 열매를 맺게 하려 함"이다.4절

대담한 은유다. 아내가 남편의 품에 안김으로써 그 몸을 통해 자녀가 세상에 태어나듯이 우리도 예수님의 품에 안기면 열매를 맺는다. 우리 자신의 삶도 변화되고갈 5:22-23 또 우리가 행하는 선한 행동을 보고 다른 사람들의 삶도 변화된다.골 1:6, 10[1]

일부 주석가들은 바울이 사용한 이 은유에 "품위가 없다"며 난감해했는데, 사실 조금은 아슬아슬하다.[2] 그러나 왜 그런 은유를 썼는지 취지를 충분히 알 수 있다. 새 생명을 낳을 수 있는 부부간의 잠자리는 어떤 의미에서 우리와 예수 그리스도와의 궁극적 사랑의 관계를 가리켜 보인다. 믿음으로 그분과 연합하면 우리는 최고의 사랑을 경험하며, 그 결과 생명의 탄생과 변화라는 열매를 맺을 수 있다. 바울의 말대로 이 관계는 지금 시작되며, 따라서 열매도 지금부터 맺힐 수 있다.

그러나 성경 다른 곳에 보면 지금 우리가 그리스도와 하나 되어 누리는 그분의 사랑은 장차 얼굴과 얼

굴을 대하여 그분을 볼 그 날에 비하면 아주 희미한 그림자에 지나지 않는다. 고전 13:12

성경에 나와 있듯이 지금 우리는 배우자이신 그분을 믿음으로만 알 뿐 직접 보지는 못한다. 고후 5:7 이 땅에서 경험하는 그분의 사랑은 언제나 부분적일 수밖에 없다. 그러나 그분을 실제로 대면하여 볼 그 때에는 그 사랑으로 우리가 변화되어 우리의 존재가 완전히 실현된다. 요일 3:2-3

예수님이 우리의 남편이요 신랑이시라는 이 모든 성경 본문은 어떤 의미인가? 적어도 이런 뜻이다. 부부간의 잠자리는 장차 올 완전한 세계에서 누릴 사랑의 희열을 가리켜 보이는 예고편이다. 천국에서 우리가 그분을 대면하여 알 때에는 그분과는 물론이고 그분을 사랑하는 다른 모든 사람과도 사랑으로 연합한다. 그 큰 날에 맛볼 충만한 즐거움과 솟구치는 기쁨과 무한한 안전에 비하면 남녀 간에 이루어지는 가장 황홀한 성교조차도 그림자에 불과하다.

앞서 고린도전서 6장에서 보았듯이 혼외 정사는 잘못된 일이다. 그런데 이 본문에서 바울은 혼외 정사를 그냥 무조건 금한 것이 아니라 그것이 그리스도인에게 **왜** 잘못된 일인지를 설명한다.

> 주와 합하는 자는 한 영이니라 음행을 피하라 …… 음행하는 자는 자기 몸에 죄를 범하느니라 너희 몸은 너희가 하나님께로부터 받은 바 너희 가운데 계신 성령의 전인 줄을 알지 못하느냐 너희는 너희 자신의 것이 아니라.
>
> 고린도전서 6장 17-19절

바울이 로마서 7장 4절에서 일깨운 것처럼 우리는 그리스도와 결혼했으므로 성령께서 우리 안에 오셔서 거하신다. 바울은 그러니 그분과의 관계가 반영되고 반사되지 않는 성생활이라면 우리 몸으로 아무것도 해서는 안 된다고 말한다. 그리스도께서 우리를 위해 그분 자신을 희생하셨기에, 우리도 그분과 연합할 때 오직 그분께만 우리 자신을 영원토록 전부 드리는 것이다.

마찬가지로 성관계도 오직 배우자에게만 자신의 삶을 영원토록 전부 주지 않고는 결코 허용될 수 없다. 그 외의 방식은 무엇이든 다 하나님이 지으신 본연의 성적 연합에 어긋난다. 우리는 이제부터 영원까지 그분과 연합했고, 성교는 이 연합을 가리켜 보이는 표지판이다.

성경에서는 성性에 관해 이렇게 가르치며, 이는 한낱 '섹스 긍정 운동'을 훌쩍 벗어난다. 오늘날 많은 사람이 "성교는 위험하며 약간 더럽다"는 말을 들으며 자랐다. 그래서 이를 바로잡으려다 반대쪽 극단으로 치달아 "성교는 쾌락과 만족을 가져다주는 좋은 것이며, 서로 합의하는 한 누구와 어떤 식으로든 즐겨도 된다"라고 주장한다.

성경이 말하는 성생활은 양쪽 어느 입장보다도 훨씬 더 차원이 높으며, 둘 사이의 중도도 아니다. 우선 성교는 더러운 것이 아니다. 하나님이 지으시고 친히 "좋았더라"라고 하셨다. 창 1:26-31 그러나 성교는 그냥 식욕 같은 욕구가 아니라 훨씬 그 이상이다.

예수님의 얼굴에 나타난 하나님의 영광은 우리가 평생 찾던 아름다움과 사랑이다. "주의 앞에는 충만한 기쁨이 있고 주의 오른쪽에는 영원한 즐거움이 있나이다." 시 16:11 장차 우리는 본연의 모습으로 회복되어 그분의 임재 안에서 무한한 만족을 누릴 것이다. 시 17:15

그 날이 즐거울까? 물론이다. 그래서 그 그림자인 현세의 성행위도 재미있고 즐겁다. 그러나 성교는 잠깐의 전율을 훨씬 넘어설 수 있다. 시공 속의 성교를 그것이 가리켜 보이는 미래의 실체와 잘 조화시킨다면 말이다. 성적 연합은 "나는 영원토록 전부 오직 당신만의 것입니다"라는 고백이어야 한다.

그러면 성교가 상대에게서 쾌락을 얻어 내는 수단이 아니라 깊은 연합의 행위가 된다. 성교를 통해 두 인간이 단일한 공동체로 결합되고, 당신의 마음은 예수님이 우리를 사랑하시듯 희생적으로 사랑할 수 있게 빚어진다. 결혼 생활 속에서만 성관계는 잠재력을 십분 발휘해 즐거움과 만족을 선사한다.

요약하자면 성도 결혼처럼 그것 자체 너머의 무언가를 가리켜 보인다. 그것을 내다보며 장차 올 그 날을 사모하지 않는다면 성과 결혼은 늘 우리에게 지독한 실망을 안겨 줄 것이다.

진정한 혼인 잔치

바울의 관점대로 루터가 말했듯이 어떤 의미에서 우리는 이미 그리스도와 결혼했다. 그러나 다른 의미에서는 아직 결혼이 아니라 그분과 약혼한 상태에 더 가깝다.

요한계시록에 보면 "어린양의 혼인"은 장차 있을 일이며 그 날 우리는 예수님과 결혼한다.[계 19:7] 그 성대한 결혼식 날에 우리는 그분의 품에 안길 것이며, 이 성혼을 통해서만 마침내 우리 삶의 모든 것이 제자리를 찾는다.

의미심장하게도 성경은 창세기의 결혼으로 시작하고, 그 결혼의 목적은 세상을 하나님의 자녀들로 충만하게 하는 것이다. 그러나 아담과 하와가 하나님을 등짐으로써 첫 결혼은 목적을 이루지 못했다.

성경 맨 끝으로 가 보면, 교회가 '하나님께로부터 하늘에서 내려오니 그 준비한 것이 신부가 남편을 위해 단장한 것 같다'고 했다.[계 21:2] 의심의 여지없이 창세기의 재현이다. 다시금 하나님이 신부를 남편에게로 이끌어 오시는데, 이번에는 예수님이 신랑이시고 우리가 신부다.

첫 결혼 때는 아내에게 도움이 필요할 때 아담이 나서서 돕지 않았다. 그러나 역사의 종말에 어린양의 혼인 잔치가 있으리니, **이 결혼**의 목적도 세상을 하나님의 자녀들로 충만하게 하는 것이다. 첫 결혼은 실패했으나 **이 결혼**은 성공한다. 인류 역사의 첫 남편과 달리 둘째 남편Second Husband이신 예수 그리스도는 실패하지 않으시기 때문이다. 진정한 아담이신 그분은 배우자인 둘째 하와Second Eve 곧 교회를 결코 저버리지 않으신다.

창세기에는 없던 새로운 내용도 눈여겨보자. 본문에 보면 그분의 백성인 우리가 남편을 위해 단장한다고 했다. 에덴동산에 웨딩드레스가 등장하지 않은 이유는 아담과 하와가 '벌거벗었으나 부끄러워하지 않았기' 때문이다. 창 2:25 하지만 그때는 아직 죄가 들어오기 전이었다.

성경에 우리 죄를 깨끗한 옷이나 아름다운 옷으로 덮어야 한다는 은유적 표현이 자주 나온다. 겔 16장; 슥 3장 남편 앞에서 아름다워지려면 그분의 은혜와 의로 우리 죄를 덮어야 한다. 시 32편; 빌 3:9 이 개념을 결혼식 예복의 은유를 써서 실감나게 전달한다.

결혼식 복장의 용도는 우리를 가장 아름다워 보이게 하는 것이다. 그 옷이 적절한 은유가 되어, 예수님이 친히 무한한 대가를 치러 우리 죄를 덮으시고 그분의 의를 입혀 주심을 말해 준다. 복음이란 우리가 마땅히 아름답고 선하게 살아야 하나 그러지 못했는데 그리스도께서 그렇게 사셨다는 것이다. 그런데 이제 우리가 그리스도를 믿음으로 그분의 아름다움이 우리에게 전가된다.

마르틴 루터가 말했듯이, 그리스도를 믿는 사람은 그분의 의를 받는다. 요한계시록에 따르면, 우리는 통로를 걸어 예수님께로 입장하는 셈이고, 이때 그분께서 우리를 아름답다 여기실 것이다. 얼마나 신기한 일인지 이해가 되는가?

팀은 목사인 특권으로 지금까지 수백 번이나 결혼식 주례를 섰다. 결혼식에 참석할 때면 우리 부부는 신부 입장 직전에 늘 신랑을 유심히 보는데, 그러고 있노라면 신랑의 눈에 신부가 포착되는 순간을 **정확히** 알 수 있다. 신부가 식장 문을 들어서거나 모퉁이를 돌아 한순간 모습을 드러내면 신랑은 그 눈부신 자태에 넋을 잃는다. 둘의 눈빛이 마주치는 순간 신랑의 얼굴도 눈부신 신부와 같이 빛을 발한다.

성경의 기록처럼 정말 예수님도 우리를 그렇게 아름답게 보실까? 우주의 주님께서 우리를 그토록 사랑하실까?

그렇다. 그분께 속해 "그리스도 안에" 있다는 말이 바로 그런 뜻이다. 물론 아직은 우리가 지식으로든 체험으로든 일부밖에 알 수 없다.

요한일서 3장 2절에 보면 "사랑하는 자들아 …… 장래에 어떻게 될지는 아직 나타나지 아니하였으나 그가 나타나시면 우리가 그와 같을 줄을 아는 것은 그의 참모습 그대로 볼 것이기 때문이니"라고 했다. 그분의 아름다움과 영광과 사랑을 직접 보고 경험하는 첫 순간에 우리는 즉시 흠 없는 사람으로 변화되어 "영광의 자유"에 이른다. 롬 8:21 물론 장래의 일이다.

그런데 요한은 "주를 향하여 이 소망을 가진 자마다 그의 깨끗하심과 같이 자기를 깨끗하게 하느니라"라고 덧붙인다. 요일 3:3 앞날의 그 비전과 혼인 잔치가 어찌나 강력한지, 요한에 따르면 그것을 소망하기만 해도 지금부터 변화된다. 아주 조금만 미리 맛보고 마음으로 확신하기만 해도 말이다.

배우자이신 예수님의 사랑을 즐거워할 때 비로소 우리는 변화된다. 두려움, 질투, 원망, 권태, 환멸, 외로움 등 우리 삶을 어둡게 하는 모든 것이 점차 힘을 잃는다. 이 땅에서 한 결혼은 어차피 끝난다. 그 너머로 그리스도와의 연합을 바라볼 때에만 당신은 이 땅에서의 남편이나 아내를 잘 사랑할 수 있다.

'**천생연분**을 만나 결혼할 수만 있다면 내 인생도 피어날 텐데'라는 착각을 버려야 한다. 천생연분은 하나뿐이며 그분은 역사의 종말을 고할 잔칫상에서 당신을 기다리고 계신다. 끔찍한 일이 넘쳐 났던 생애였다 해도 그 날 그분의 영광을 보는 순간 보상이 되고도 남을 것이다. 그 날 그분이 당신에게 입혀 주실 아름다움은 그 어떤 값비싼 웨딩드레스보다도 눈부시게 빛날 것이다.

'친밀한 관계'의 무한한 확장

마태복음 22장에 나오는 고대 이스라엘의 지도층

사두개인들은 죽은 사람의 장래 부활을 믿지 않았다. 그래서 예수님이 부활을 믿고 가르치신다는 것을 알고는 그분을 함정에 빠뜨리려고 다음과 같은 가상의 시나리오를 제시했다.

일곱 형제가 있었는데 그중 맏이가 결혼했다. 그런데 그가 죽는 바람에 그 아내는 그 동생과 결혼했고 그도 죽자 다시 그다음 동생과 결혼했다. 그런 식으로 일곱 형제 모두와 결혼한 뒤 그 여자까지 다 죽었다.

"그런즉 그들이 다 그를 취하였으니 부활 때에 일곱 중의 누구의 아내가 되리이까."28절

사두개인들이 이야기 끝에 내놓은 질문이다.

예수님의 답변은 "너희가 성경도, 하나님의 능력도 알지 못하는 고로 오해하였도다"라는 말씀으로 시작된다.29절 그들은 성경을 몰랐을 뿐 아니라 그들이 아는 하나님은 너무 작았다. 그분의 무한한 지혜와 영광과 사랑을 제대로 몰랐던 것이다. 지금 세상과는 전혀 다른 세상을 창조하실 그분이 그들의 깜냥으로는 도저히 상상 불가였다.

또한 예수님은 성경의 가르침에 대해서는 이렇게 말씀하신다.

하나님이 너희에게 말씀하신 바 나는 아브라함의 하나님이요 이삭의 하나님이요 야곱의 하나님이로라 하신 것을 읽어 보지 못하였느냐 하나님은 죽은 자의 하나님이 아니요 살아 있는 자의 하나님이시니라.

마태복음 22장 31-32절

하나님은 "나는 아브라함과 이삭과 야곱의 **하나님이었다**"라고 하지 않으셨다. 모세에게 이 말씀을 하신 때가 그들이 죽은 지 이미 수백 년이나 흐른 뒤였는데도출 3:6 그분은 마치 그들과의 관계가 과거사였다는 듯이 말씀하지 않으셨다.

오히려 "나는 그들의 **하나님이다**"라고 현재 시제를 쓰셨고, 예수님은 거기에 "하나님은 죽은 자의 하나님이 아니요 살아 있는 자의 하나님이시니라"라고 덧붙이셨다. 다시 말해서 참신이신 그분을 자신의 하나님으로 삼은 사람은 모두 영영 죽지 않는다.

한 성경학자는 예수님의 이 말씀을 이렇게 설명했다. "살아 계신 하나님이 인정하시는 그분의 사람들은 과연 죽을 수 없으며, 따라서 이 땅에서의 삶이 끝난 뒤로도 그분과 함께 살아 있을 수밖에 없다."[3] 이로써 예수님이 확실하게 세우신 원리가 있다. 믿음으로 하나님과 연합하면 이생이 끝난 후에 더 위대한 삶이 기다린다는 것이다.

사두개인들이 제시한 가상의 시나리오에 예수님은 이렇게 답하셨다. "부활 때에는 장가도 아니 가고 시집도 아니 가고 하늘에 있는 천사들과 같으니라."마 22:30

언뜻 보면 죽음이 정말 결혼의 끝이라는 의미처럼 보인다. 물론 부활 때에는 인구를 충원하기 위한 생식이 필요 없으리라는 점에서 우리도 "천사들"과 같아진다. 그때는 죽음이 없을 테니 새 생명을 출산하고 양육하기 위해 필요한 제도였던 결혼이 왜 없어도 되는지 충분히 이해가 된다.

그런데 예수님의 이 말씀을 듣노라면 한 가지 의문이 든다. 그 의문을 R. T. 프랜스는 자신의 마태복음 주석에 이렇게 제기했다. "부부라는 관계로 맺어진 특별한 인연에서 현세의 가장 깊은 기쁨을 누려 온 이들은 그 인연이 더는 지속될 수 없다는 말씀에 당황스러울 수 있다."

하지만 프랜스가 지적했듯이 예수님은 "장가도 아

니 가고 시집도 아니 가고"라는 표현에 두 가지 동사를 쓰셨는데, 하나는 신부의 아버지가 신부의 손을 신랑에게 건네주던 관습을 가리키고 또 하나는 신랑이 신부를 건네받던 행위를 가리킨다. 다시 말해서 예수님의 말씀인즉 실제로 부부로 짝을 맺는 일은 지속되지 않는다는 것이다.

프랜스의 말은 이렇게 이어진다.

> 그러나 잘 보면 예수님이 천국에 어울리지 않는다고 확언하신 것은 사랑이 아니라 결혼이다. 천국에서 누릴 관계들은 결혼**보다 못한** 게 아니라 **더 낫기** 때문이다. 그분은 이 땅에서 맺어진 부부간의 사랑이 장차 없어지는 게 아니라 오히려 더 넓어져 아무도 배제되지 않으리라 암시하셨다.[4]

C. S. 루이스의 《네 가지 사랑*The Four Loves*》에 보면 잭C. S. 루이스과 로널드J. R. R. 톨킨와 찰스찰스 윌리엄스라는 삼총사 친구가 나온다. 찰스가 죽은 뒤 잭은 그 결과로 자신이 로널드를 "독점한" 것이 아님을 깨달았다. 오히려 찰스만이 이끌어 낼 수 있던 로널드의 다른 면들을

책도 영영 잃고 말았다. 다시 말해서 로널드와의 우정을 다른 사람들과 더 많이 공유할수록 잭 자신도 그 우정을 더 많이 누릴 수 있었다. 루이스는 결론짓기를, 이를 통해 장차 우리가 천국에서 누릴 완전한 사랑의 관계들을 희미하게나마 엿볼 수 있다고 했다. 질투와 이기심이 사라질 그 때를 말이다.[5]

다시 사두개인들이 내놓은 질문으로 돌아가 보자. 부활 때에 그 여자는 일곱 형제 가운데 누구와 결혼할까? 답은 그 형제들 모두와 또한 더 많은 사람들의 아내가 된다는 것이다.

당신이 배우자와 사별한 뒤 재혼해 행복하게 살아왔다면 이 답이 반갑게 들릴 것이다. 답은 그 때에는 모든 사람이 다른 모든 사람과 더불어 가장 친밀한 사랑의 관계로 지낸다는 것이다. 그리스도의 완전한 사랑이 샘물과 강물처럼 우리 안에 흘러들고 또 흘러 나가기 때문이다.

부활 때에도 우리는 천국에서 현세의 배우자와 함께 있을까? 물론이다. 죽은 자들 가운데서 먼저 나신 예수님을 보라. 누가복음 24장에 기록한 엠마오로 가는 길 위에서처럼 그분이 아는 사람들을 만나셨을 때,

부활의 때에는
모든 사람이 다른 모든 사람과 더불어
가장 친밀한 사랑의 관계로 지낸다.
그리스도의 완전한 사랑이
샘물과 강물처럼 우리 안에 흘러들고
또 흘러 나가기 때문이다.

그들은 한결 달라지신 그분을 첫눈에 알아보지 못했으나 나중에는 알아보았다. 부활하여 몸이 완전해지셨어도 그분은 여전히 그분이셨고, 친구들도 여전히 그분의 친구였다.

오랜 세월 함께해 온 배우자보다 더 당신의 부활한 새 자아를 능히 기뻐할 사람이 누구이겠는가? 당신의 영혼과 육체에서 모든 죄와 흠이 사라지고 나면 배우자는 무한히 기뻐하며 말할 수 있다.

"당신이 이렇게 될 수 있음을 나는 늘 알았어요. 당신 안에서 그게 보였으니까요. 실제로 보니 정말 멋지군요!"

앞서 뉴턴이 신혼부부에게 보낸 편지를 인용했는데, 거기에 그는 사후에 누릴 우리 서로의 관계를 이렇게 기록했다.

> 인간의 입장에서는 모든 만남에 반드시 헤어짐이 따르는 인생의 이치를 감당하기가 힘들지만 그래도 잠깐의 이별에 불과합니다. 장차 그대들은 영생의 공동 상속자로서 함께 걷고, 동반자로서 영적 기쁨을 서로 나누며, 마침내 영광의 보좌 앞에서 만나 영원히 주님과

> 함께 있을 것입니다. 그런 광경을 늘 염두에 두고 사십시오. 공의로운 해이신 그분이 그대들의 영혼에 빛을 비추시니 모든 아름다운 것은 더 아름다워지고, 모든 십자가는 거룩해져 그대들을 더 가깝고 친밀하게 그분께 절대적으로 의지하도록 인도할 것입니다.[6]

이 땅에서의 결혼이 끝나면 당신은 그야말로 끝없는 잔치에 들어가 이 땅에서는 결코 실현 불가능한 방식으로 지금의 배우자와 연합한다. 아울러 다른 모든 사람과도 또한 "당신의 영혼의 연인"이신 예수님과도 연합한다.

ON DEATH
죽음에 관하여

‖ 자신의 장례식에서 어떤 말을 전해야 할지
우리에게 확실하게 일러 주고 간
테리 크리스티 홀을 추모하며.

그 내용을 책으로 펴내기를 원한
테리의 동기간 수, 스티브, 린에게도
감사를 전한다.
이 책은 그렇게 시작되었다.
테리도 기뻐할 것이다. ‖

서문 / 캐시 켈러

나이가 들어 갈수록 남편과 나는 목회 현장에서나 개인적인 관계들 속에서나 죽음을 접할 일이 더 잦아진다. 절친한 친구들과 가족들이 하나둘 세상을 떠나고 있다. 지난 18개월 동안 우리 집안에서만 세 차례나 장례를 치렀고, 임종을 앞둔 친구와 친척과 함께 죽음에 직면하는 법을 놓고 대화를 나눈 것도 불과 지난 석 달 사이의 일이었다. 그런 대화 중에 우리가 주고받은 이야기들이 바로 여기에 담겨 있다.

2018년 1월 6일 남편 팀이 내 동생 테리의 장례식에서 전한 설교가 이 글의 기초가 되었다. 동생은 유방암이 신체 다른 곳까지 전이되었고, 결국 오랜 투병 끝에 크리스마스 날 집에서 가족들이 지켜보는 가운데 숨을 거두었다.

죽음이 임박했음을 동생도 알았기에 남은 시간 동안 마지막 힘을 다해 우리에게 자신의 영결 예배에서 부를 찬송가를 골라 주었고 기도문도 적어 주었다. 특히 장례식 때 자신의 일생만을 기릴 것이 아니라물론 우리에게 한없이 사랑받고 존경받던 테리였다. 반드시 복음을 전해 달라고 팀에게 당부했다. "신기하게도 (사람들이) 죽음 앞에서는 으레 생각이 깊어지게 마련"임을 알았던 것이다.[1] 그렇게 동생은 자기 장례식에 참석할 사람들도 각자의 죽음을 준비해 가기를 원했다.

고인이 된 테리, 그리고 제부 밥과 조카딸 루스 홀램지와 레이첼 홀에게 이 글을 헌정한다. 그날의 설교는 어느 모로 보나 잊지 못할 감동적인 내용이었다. 책으로 펴내 달라고 부탁한 사람은 테리와 나의 동기간인 수와 린과 스티브였다.

—

2018년 7월

캐시 켈러

1.

언젠가 맞이할 나의 죽음, 준비하고 있는가

회피와 부정, 죽음을 대하는 현대인의 두려움

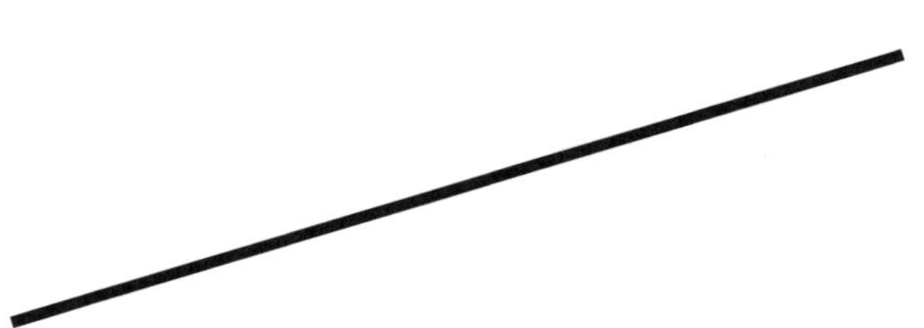

죽음을 통하여 죽음의 세력을 잡은 자
곧 마귀를 멸하시며
또 죽기를 무서워하므로 한평생 매여 종노릇하는
모든 자들을 놓아주려 하심이니.
히브리서 2장 14-15절

죽음은 거대한 단절이다. 사랑하는 이들을 우리에게서 또는 우리를 그들에게서 갈라놓는다.

죽음은 거대한 분열이다. 우리를 존재하게 하는 물리적 요소와 무형적 요소를 따로 찢어내, 본래 한시도 육체를 이탈하지 않도록 되어 있던 전인Whole person을 분리시킨다.

죽음은 거대한 모욕이다. 셰익스피어의 말마따나

우리가 구더기의 밥임을 환기시키기 때문이다.[1]

> (우리는) 정말 양면적 존재다. 만물의 영장으로 돋보인다는 점에서 (인간은) 자신의 뛰어난 독자성을 알지만, 그래 봐야 몇 자 깊이의 땅속으로 돌아가 속절없이 허망하게 영영 썩어 없어진다.[2]

죽음은 끔찍하고 무섭고 잔인한 변종이다. 삶이란 본래 그래서는 안 된다. 우리가 죽음 앞에서 그토록 슬퍼하는 이유도 그래서다.

죽음은 다른 무엇보다도 더 우리의 철천지원수다. 평생 우리를 집요하게 좇아다니다가 단 한 사람의 예외도 없이 목숨을 앗아 간다. 현대인들은 사랑, 특히 낭만적인 사랑에 관해 끝없이 글을 쓰고 말로 이야기하는데, 여간해서 그것은 손에 잡히지 않고 우리를 피해 가는 듯하다. 하지만 죽음은 아무도 건너뛰지 않는다. 온갖 전쟁과 전염병이 사망자 수를 증가시킨 것이 아니라는 말도 있다. 어차피 누구나 한 번은 죽어야 하니 말이다.

그런데 우리는 선조들에 비해 죽음에 준비되어 있

는 정도가 훨씬 뒤처져 보인다. 왜 그럴까?

현대 의술의 복이 독이 되다

첫 번째 이유는, 역설적이게도 현대 의술의 위대한 축복이 죽음을 우리 눈에 보이지 않게끔 가려 놓았다는 것이다. 애니 딜라드가 소설 *The Living*삶에서 자세히 묘사했듯이, 19세기에만 해도 죽음은 아무런 예고도 없이 놀랍도록 다양한 방식으로 집집마다 가족들에게서 삶을 앗아 갔다.

> 여자들은 출산 중에 고열에 시달리다 죽었고, 아기들은 몸이 약하거나 심각한 대기 오염을 견디지 못해 죽었다. 남자들은 …… 강물, 말, 황소, 증기 톱, 단단한 것을 가루로 가는 기계, 채석장의 돌, 벌목장에 쓰러지거나 구르는 통나무 때문에 죽음을 맞이했다. …… 아이들은 [다음과 같은 이유로] 목숨을 잃었다. …… 나무처럼 단단한 물체에 부딪쳤고, 말에게서 내동댕이쳐지거나 [자신의 실수로] 말에서 떨어졌고, 물에 빠졌고, 병들었고,

귀앓이가 뇌로 번졌고, 홍역으로 열이 펄펄 끓었고,

폐렴으로 하룻밤 사이에 세상을 떠났다.[3]

과거에는 사람들이 죽음을 가까이서 보았다. 단적인 예로 영국의 저명한 목사이자 신학자인 존 오웬은 열한 명의 자녀와 첫 아내를 모두 먼저 떠나보냈다. 그 시대에는 누구나 자신이 살던 집에서 죽었으므로 오웬이 사랑하던 이들도 그의 눈앞에서 숨을 거두었다. 식민지 시대의 미국 가정은 자녀를 평균 셋 당 하나 꼴로 장성하기 전에 잃었다. 게다가 당시에는 모든 사람의 기대 수명이 40세 안팎이다 보니 어려서 부모를 여읜 사람이 태반이었다. 거의 누구나 자라면서 시신을 보았고, 젊거나 나이 든 친척의 임종을 목격했다.[4]

오늘날에는 의학과 과학 덕에 조기에 사망하는 많은 원인들을 해결했고, 절대다수의 사람이 남의 눈에 띄지 않게 병원과 호스피스센터에서 쇠약해져 가다가 사망한다. 그러다 보니 성인이 되도록 단 한 사람의 죽음도 지켜보지 못하는 일이 당연해졌다. 서구 사회의 경우 장례식에서 뚜껑이 열린 관에 잠시 눈길을 줄 때를 제외하고는 죽은 사람을 볼 기회도 없다.

아툴 가완디를 비롯해서 많은 사람이 지적했듯이, 현대 사회가 이토록 죽음을 숨긴다는 것은 모든 문화 중에서 우리야말로 임박한 죽음의 불가피성을 부정하며 산다는 뜻이다. 시편 90편 12절에서 우리에게 "우리 날 계수함"을 명한 목적은 "지혜로운 마음"을 얻게 하기 위해서다.

인간이 자신의 죽음을 부정하며 살아갈 위험성은 언제나 존재했다. 물론 언젠가는 닥쳐올 죽음임을 우리도 머리로는 안다. 그런데 속으로는 그 사실을 억누르며 마치 영원히 살 것처럼 행동한다. 시편 기자는 이를 **지혜롭지 못한** 일이라고 밝힌다.

죽음이야말로 반드시 닥쳐올 현실이건만, 현대인은 죽음에 대한 아무런 계획도 없이 마치 죽지 않을 사람처럼 살아간다. 우리는 두려워서 의사를 피하고, 죽을 몸의 운명을 부정하며, 몸이 이대로 영원할 줄로 생각한다. 그러다 막상 죽음이 코앞에 닥쳐오면 현실성 없는 극단적 의료 조치를 요구한다.[5]

심지어 우리는 죽음을 거론하는 것조차 "악취미"나 그보다 더한 일로 간주한다. "죽음의 포르노"라는 평론에서 인류학자 제프리 고러는, 현대 문화에서 죽음

이 섹스 대신 새로운 금단의 주제가 되었다고 역설했다.[6]

시편 90편에 기록된 증언처럼 3천 년 전에 살던 사람들에게도 죽음을 부정하는 문제는 있었지만, 우리의 문제는 무한히 더 크다. 의술의 발달은 죽음을 무기한 연기할 수 있다는 환상을 부추긴다. 고대인처럼 죽음이라는 운명에 순응하는 사람은 이전 어느 때보다도 보기 힘들어졌다.

심지어 일부 사상가들은 죽음도 여느 기술상의 "성능 문제"처럼 해결이 가능하다고 진지하게 믿는다.[7] 죽음을 뛰어넘는 영원한 삶에 매료된 사람은 실리콘밸리에도 많이 있다. 이는 그만큼 현대인이 이전 어느 시대의 사람들보다도 더 죽음에 대해 비현실적이며, 죽음을 맞이할 준비가 되어 있지 못하다는 반증이다.

현세의 행복에만 집중하는 세속 문화

오늘날 우리가 죽음 앞에 이토록 쩔쩔매는 두 번째 이유는 세속화 시대가 현세의 의미와 만족을 요구하기 때문이다. 인류학자 리처드 슈웨더는 과거에 비서구 문화가 어떻게 구성원을 고난에 직면하도록 도왔는지를 연구했다.[8]

답은 비서구권의 모든 문화가 구성원에게 삶의 의미, 즉 저마다 위해서 살아야 할 주목표를 가르쳤다는 것이다. 우선 가족과 종족을 삶의 주목표로 믿는 사회가 많이 있다. 이 경우 개인의 삶은 사후에도 자손을 통해 지속된다. 한편 불교를 비롯한 많은 고대 동양 문화의 가르침에 따르면, 삶의 의미란 현세가 환영幻影임을 깨닫고 영혼의 내적 평정과 초탈을 통해 현세를 초월하는 데 있다. 그런가 하면 사후의 윤회나 천당이나 열반을 믿는 문화도 있다. 그러면 영혼이 천당에 이르도록 살고 믿는 것이 인간의 주목적이 된다.

이 모두는 서로 사뭇 다르지만 슈웨더의 지적처럼 한 가지 공통점이 있다. 하나같이 삶의 주목표가 물질계와 현세의 바깥에 있어, 고난과 죽음이 그것을 건드릴 수 없다는 것이다. 죽어서 천당에 가든, 윤회 사슬에서 벗어나 영원한 극락에 들어가든, 현세의 환영을 버리고 삼라만상의 정령에게로 돌아가든, 명예롭게 살다가 사후에 조상의 품에 안기든 모두 마찬가지다.

어느 경우든 비극과 죽음은 삶의 의미를 무너뜨리지 못할 뿐 아니라 오히려 거기에 이르는 길을 재촉할 수 있다. 영적으로 성장하거나 명예와 덕을 이루거나 극락에 들어가면 그렇게 된다.

그런데 현대 문화는 본질상 세속적이다. 오늘날 많은 사람의 말대로라면, 신이나 영혼이나 넋도 없고 실재에 초월적 또는 초자연적 차원도 없으므로 이 물질계가 전부다. 그러면 삶의 의미와 목적이 무엇이든 간에 이 땅의 시간표라는 울타리 안에 갇힐 수밖에 없다. 다시 말해서 마음에 의지하는 대상이 시공의 제한된 지평을 벗어나지 못한다. 삶의 의미를 무엇으로 정하든 그것은 모종의 현세적 행복이나 안락이나 성취일 수밖에 없다. 기껏해야 사랑의 관계일 것이다.

하지만 당연히 이 모두는 죽음과 함께 소멸된다. 요약하자면 다른 여러 문화와 세계관은 고난과 죽음을 일관된 인생 이야기의 끝이 아닌 중요한 장章으로 보는 반면, 세속 관점은 전혀 다르다. 고난은 단절이고 죽음은 철저히 종말이다. 그래서 슈웨더는 현대인을 이렇게 묘사했다.

> 고난은 …… 삶의 내러티브narrative; 서사 구조에서 동떨어져 있다. …… [고난은] 일종의 "소음"이라서 고난당하는 사람의 인생 드라마를 제멋대로 방해한다. …… 고난은 지리멸렬한 단절일 뿐 어떤 줄거리에도 말이 되게 들어맞지 않는다.[9]

이렇듯 현대 문화는 유일한 필연인 죽음을 구성원에게 준비시켜 주는 부분에서 사상 최악이다. 의미의 지평이 제한된 데다 의술의 발전까지 더해지다 보니, 죽어 가는 사람을 접하면 불안과 두려움에 무력해지는 사람이 많다.

영국 케임브리지에 있는 세인트앤드류교회의 목사였던 마크 애쉬턴은 2008년 말에 62세 나이로 수술조차 불가능한 담낭암에 걸렸다. 그리스도를 믿고 그분 안에서 기뻐했기에 그는 가족들의 슬픔을 세심하게 헤아리면서도 죽어 가는 내내 확신이 넘쳤고 기대감마저 보였다. 그래서 이후 15개월 동안 거의 누구를 만나든 얼마 남지 않은 죽음에 대해 평온하고 담담하게 웅변을 토했다. 그러자 오히려 많은 사람이 불안해했다. 그의 태도는 물론이고 그와 함께 있는 것 자체도 감당하기가 힘들었던 것이다.

그는 "우리 시대는 죽음 앞에 어찌나 소망이 없는지 이 주제 자체를 입에 올릴 수 없게 되었다"라고 썼다. 한번은 그가 이스트본의 한 미용실에 가서 평소처럼 자신의 머리를 깎아 주는 미용사와 대화를 나누었다. 미용사가 "내 근황을 묻기에 살날이 몇 달밖에 남지 않았다고 대답했더니" 으레 다정하고 수다스럽던 그곳의 분위기가 싹 가시었다. 아무리 대화를 이어 가려 해도 "이발이 끝날 때까지 그녀의 말을 한마디도 이끌어낼 수 없었다."[10]

이렇듯 우리는 불가피한 죽음을 받아들이고 준비하려 하지 않고 무조건 피하고 부정한다.

깊은 허무감에 빠지다

현대 세속 문화가 죽음 앞에 속수무책인 세 번째 이유는 죽음의 존재를 부정하다가 깊은 무의미감에 빠졌기 때문이다. 어니스트 베커는 퓰리처상 수상작인 《죽음의 부정 *The Denial of Death*》에서, 인간은 자신의 전부

의식이 있는 자아, 사랑, 간절히 동경하는 진선미 등가 정말 눈 깜짝할 사이에 영영 소멸한다는 사실을 받아들일 수 없다고 역설했다.

죽음이 정말 끝이라면 즉 우리도 다 죽고 결국 태양의 사멸과 더불어 인류 문명까지 몽땅 "죽는다면", 무엇을 하든 결국 아무것도 달라지지 않는다. 무無에서 와서 무無로 간다면 어찌 당장부터라도 허무감을 피할 수 있겠는가? 그래서 베커는 이렇게 썼다.

> 죽음의 개념과 죽음에 대한 두려움은 그 무엇과도 달리 인간이라는 동물을 놓아주지 않는다. 그것이 인간의 활동의 주된 동기다. 이 활동의 목적은 언젠가는 반드시 닥칠 죽음을 외면하는 데 있으며, 이를 극복하려고 …… 죽음이 최종 운명임을 부정한다.[11]

존재의 소멸을 생각할 때 엄습해 오는 무의미감은 어떤 식으로든 **반드시** 해결해야 할 일종의 두려움이다. 베커가 책에서 인용한 인류학자들에 따르면, 고대 민족들은 죽음을 훨씬 덜 두려워했고 죽음에 "환희와 축제가 수반되었다." 또 그는 인류가 보편적으로 죽음을 두려워하긴 했지만, 옛날 사람들은 사후의 생명과 의미를 믿어 그 문제를 해결했다고 덧붙였다. 영원을 믿었으므로 죽음은 "궁극의 승격"이었다. 그러나 오늘날 우리의 문제는 "더는 그렇게 믿지 못하기 때문에 죽음에 대한 두려움이 현대 서구인의 심리 구조를 지배하다시피 한다"는 데 있다.[12]

베커의 이 책 나머지 부분은 다음 명제를 기초로 한다. 즉 현대 서구 문화가 봉착한 죽음에 대한 문제는 여태 다른 어떤 사회에도 없었다는 것이다. 그의 논증에 따르면, 현대 문화에서 섹스와 연애, 돈과 출세, 정치와 사회 운동 등 수많은 요소의 비중이 지나치게 비대해진 현상은 현대인이 죽음 앞에서 신과 종교에 의지하지 않고도 의미를 느끼려 한다는 방증이다.

20세기 말의 세속 사상가들도 베커처럼, 신을 믿는 종교와 신앙이 위축되면 죽음이 문제점으로 대두될 것을 십분 인식했다. 《시시포스 신화 *The Myth of Sisyphus*》를 쓴 알베르 카뮈 같은 실존주의자들은 죽음이 최후의 상태라는 사실이 삶을 부조리하게 만들며, 이 사실을 부정하려고 쾌락과 성취에 몰두하는 것은 잘못이라고 역설했다.[13]

예화를 하나 들어 보겠다. 어떤 사람이 당신 집에 무단 침입해 당신을 결박한 뒤 곧 죽이겠다고 위협한다 하자. 예화 취지상 당신이 구출될 가망성은 전무하다. 그런데 그 침입자가 이렇게 말한다면 어떨까? "나는 매정한 사람이 아니오. 당신을 아주 행복하게 해 주는 취미 활동이 무엇인지 말해 보시오."

당신이 체스를 즐겨 둔다고 답하자 그는 "좋소, 내 손에 죽기 전에 체스나 한 판 둡시다. 그러면 마지막 순간이 즐겁지 않겠소?"라고 묻는다. 이에 대한 솔직한 답이라면, 코앞에 닥친 죽음 때문에 체스를 두는 즐거움이 싹 달아난다는 것뿐이다. 한마디로, 죽음은 모든 일이 주는 의미와 기쁨을 앗아 간다.

이어지는 베커의 말처럼 죽음에 대한 두려움은 인간만의 전유물이다.

> 이 두려움과 더불어 살며 그 속에 실존한다는 것은 가혹한 딜레마다. 당연히 하등 동물은 이 고통스러운 모순을 겪지 않는다. 정신적 정체감과 그에 수반되는 자의식이 없기 때문이다. …… 죽음을 알려면 관념적 사고가 필요하므로 동물은 죽음을 모른다. 동물이

경험하는 죽음은 단 몇 분의 두려움과 몇 초의 고통이면 끝이다. 그러나 꿈속에서는 물론이고 가장 햇빛 찬란한 날까지도 평생 죽음에 대한 두려움에 시달리며 산다는 것은 다른 문제다.[14]

더 근래의 세속 사상가들은 죽음을 그렇게 비참하게 여기지 않는다. 오늘날 그들 다수가 에피쿠로스와 루크레티우스 같은 고대 철학자들의 뒤를 이어 죽음이란 "전혀 두려워할 게 못 된다"라고 주장하고 있고, 또 그런 메시지를 담은 기사도 꾸준히 쏟아져 나오고 있다. 〈가디언*The Guardian*〉에 실린 제시카 브라운의 "우리는 죽음을 두려워하지만 죽음이 생각만큼 나쁘지 않다면 어찌할 것인가?"라는 글이 좋은 예다.[15]

이 논리에 따르면 어차피 죽으면 그냥 아무것도 모르고 아무런 느낌도 없다. 고통이나 고뇌도 없다. 그러니 두려워할 까닭이 무엇인가? 하지만 현대인을 상대로 죽음이 별것 아니라고 말하려는 시도는 여태 대다수 사람에게 통하지 않았다.

철학자 뤽 페리는 죽음에 직면한, 그리하여 사랑의 관계를 모두 잃을 사람에게 죽음을 겁내지 말라고 말하는 것은 "잔인하고" 옳지 못한 처사라고 지적한다.[16] 차라리 딜런 토머스의 말이 훨씬 더 공감이 간다. 그는 우리가 "꺼져 가는 빛에 맞서 격노하고 격노"해야 한다고 썼다.[17]

베커가 옳았다. 인류 전체는 죽음을 두려워하고 미워하지 **않을** 수 없다. 이는 인간만이 가진 뿌리 깊은 문제다. 종교는 사람들에게 가장 막강한 이 적에 맞설 자원을 주었다. 그러나 현대 세속주의는 그 자원을 잃어버렸고, 여태 다른 아무것으로도 그 상실을 대체하지 못했다.

심판에 대한 두려움

오늘날 우리가 죽음을 힘들어하는 네 번째 이유는 현대 문화에 죄와 죄책과 용서라는 범주가 없어졌기 때문이다. 프리드리히 니체는 인간 안에 "부채" 의식이나 죄책감 그리고 그런 개념 자체가 출현한 것은 초월적 신들을 우리가 복종해야 할 대상으로 믿기 때문이라고 주장했다. 그런데 이제 종교가 쇠퇴해 심판의 신을 믿지 않는 사람이 점점 많아지고 있으니 죄의식도 차차 약해질 것이라며 그는 쾌재를 불렀다. 심지어 무신론은 "제2의 순수"를 의미할 수도 있다.[18]

그러나 윌프레드 M. 맥클레이가 "이상하게 집요한 죄책감"이라는 글에 주장했듯이, 니체의 예측은 실현되지 않았다.[19] 맥클레이는 죄책감을 모든 문명의 대체 불가한 특성으로 본 프로이트가 더 나은 예언자라고 보았다. 사회를 무너뜨리는 이기적 행동을 자제하려면 죄책감을 대가로 치러야 한다. 아무리 우리가 죄성과 죄의식을 떨쳐 내려 해도 그것이 끈질기게 다른 형태로 튀어 나온다는 뜻이다. "죄책감은 카멜레온처럼 교활한 협잡꾼이라서 스스로 위장하고 잠복하며 크기와 모양을 바꾼다. …… 그러는 내내 집요하게 더 깊어진다."[20]

프로이트는 죄책감을 독일어로 "운베하겐"unbehagen이라 칭했는데 이 단어는 "불편한 상태", 자아와 삶 자체에 대한 강한 불만을 뜻한다. 그 결과로 이런 의문이 아우성친다. "왜 지금보다 더 나은 삶이 아닌가? 나는 왜 어딘가 모자라게 느껴지는가? 왜 사력을 다해 나 자신을 입증해야만 할 것 같은가? 나를 정말 사랑할 사람이 있을까?”

이 시대 세속 문화는 이 부분에서 프로이트보다 니체를 믿기에, 그동안 어떻게든 개인을 해방시켜 자기표현의 자유를 실컷 탐닉하게 하려 했다. 공공 담론에서 ‘죄’와 ‘죄책’이라는 단어를 없앴다는 뜻이다. 누구나 거리낌 없이 마음대로 자아를 창출하고 실행할 수 있도록 말이다.

하지만 그 바람에 우리 입장이 난처해졌다. 한 학자가 말했듯이 사방에 악과 죄가 보이는데도 “우리 문화에는 더는 이를 표현할 어휘가 없으며”, 그래서 “우리 문화에는 눈에 보이는 악과 그 악에 대응할 지적인 자원 사이에 거대한 괴리가 생겨났다.”[21]

많은 사람이 지적했듯이, 오늘날 우리 사회는 과거 어느 때 못지않게 도덕주의로 흐르면서 타인에 대한 비판을 일삼는다. 우리는 “신상 털기 문화” 속에 살고 있다. 이 문화는 사람을 너무 단순하게 선 아니면 악의 범주에 끼워 넣은 뒤 공공연히 모욕을 주어 결국 일자리와 공동체를 잃게 만든다.[22] 서로 비난하는 이유는 과거의 표현을 빌리자면 ‘죄’ 때문이고, 벌하고 추방하는 방식은 종교의 정결 의식儀式과 놀랍도록 비슷하다.

맥클레이이가 지적했듯이, 인간은 도덕적 반사절대 도덕, 죄와 심판, 죄책감과 수치심의 벌 등에 대한 신념를 버릴 수 없다. 그런데 오늘날 우리는 하나님과 천국과 지옥에 대한 기존의 기본 신념을 버렸고, 그 결과 회개하거나 은혜와 용서를 베풀 수 있는 유구한 자원을 잃었다.[23]

이 모두가 죽음이 닥칠 때 이 시대를 사는 우리에게 위기를 가져온다. 나는 목사로서 많은 시간을 죽어가는 이들과 함께 보냈는데, 대부분 죽음이 다가오면 사람들은 일생을 돌아보며 극심한 후회에 빠진다. 운베하겐 즉 자아에 대한 깊은 불만이 표면으로 불거진다. 사랑하는 이들에게 해 주지 못한 말이나 행동, 사과하지 않았거나 사과를 받아 주지 않은 일, 호의를 무시했거나 남을 매정하게 대했는데 용서받기에는 너무 늦은 일, 날려 버린 기회나 아예 허송한 인생 등에 죄책감이 들 수도 있다.

그러나 과거에 대한 후회 이상으로 미래에 대한 두려움도 있다. T. S. 엘리엇은 "죽음 자체가 두려운 게 아니라 죽음이 곧 끝이 아닐까 봐 그게 우리는 두려운 것이다"라고 했다.[24]

다른 모든 감정의 배후와 이면에 심판에 대한 두

려움이 있다. 바울은 죽음을 논한 고린도전서 15장에서 "사망이 쏘는 것은 죄"라고 단언했다.[56절] 그가 로마서 1장 20-22절에 가르쳤듯이, 아무리 깊이 감추고 있어도 우리 모두가 마음속으로 아는 사실이 있다. 하나님은 우리의 창조주시며 마땅히 우리 예배와 순종을 받으실 분이라는 것이다. 그런데 우리는 자신의 삶에 대한 주권을 장악하려고 그 지식을 막는다.[18절]

죽음 앞에 서면 자아에 대한 불만이 훨씬 또렷해진다. 이전처럼 양심을 침묵시킬 수 없다. 셰익스피어의 극중 인물인 햄릿은 자살을 생각하다가 그러지 않기로 결심한다. 사후의 무엇에 대한 두려움 곧 "어느 길손도 갔다가 다시 돌아오지 못한 미답[未踏]의 나라"가 두려웠기 때문이다. 결국 우리는 심판이 두려워지고, 그래서 "우리가 알지 못하는 저세상으로 달아나느니 차라리 지금 이 세상의 고통을 묵묵히 견딘다." 이유는 "양심이 우리 모두를 겁쟁이로 만들기" 때문이다.[25]

아무리 막아 보려 해도 죄책감은 집요하며, 특히 죽음 앞에서 최고조에 달한다. 현대 문화에는 이 문제를 해결할 대책이 별로 없지만 기독교 신앙은 우리에게 놀라운 자원을 준다.

우리의 챔피언

우리는 죽음을 두려워하며 살 게 아니라 죽음을 영적 후자극제smelling salts; 의식을 잃은 사람을 냄새로 깨어나게 하는 약로 봐야 한다. 죽음은 우리를 흔들어 깨워 이생이 영원하리라는 착각에서 벗어나게 해 준다. 장례식, 특히 친구나 사랑하는 이의 장례식에 가거든 당신에게 말씀하시는 하나님의 음성을 들으라. 그분은 그분의 사랑을 제외하고는 이생의 모든 것이 덧없다고 말씀하신다. 이것이 사실이다.

이생의 모든 것은 우리 곁을 떠나지만 하나님의 사랑만은 예외다. 그 사랑은 우리와 함께 죽음 속으로 들어가 죽음을 통과해 우리를 그분의 품에 안기게 한다. 당신이 잃을 수 없는 것은 그것 하나뿐이다. 우리를 품어 주실 하나님의 사랑이 없다면 우리는 늘 극도로 불안할 것이다. 당연한 일이다.

하루는 신학교 수업 시간에 나의 신학 교수였던 애디슨 리치 박사에게서 그가 어느 선교 대회에서 말씀을 전했던 일화를 들은 적이 있다. 젊은 자매 두 사람이 그의 설교를 듣고 선교 사역에 일생을 헌신하기로 결단했다. 그러자 그 두 자매의 부모들이 모두 리치 박사를 찾아와 크게 화를 냈다.

그들은 그가 자기네 딸들을 광신에 빠뜨렸다며 이렇게 말했다. "알다시피 선교사는 전혀 안전하지 못합니다. 보수도 적고 생활 환경도 위험하고요. 우리 아이들은 취직해서 경력도 쌓아야 하고, 어쩌면 석사 학위나 그런 것도 따야 해요. 선교사로 나가기 전에 안정적인 생활 기반을 마련하는 게 먼저입니다."

그때 리치 박사는 그들에게 이렇게 말했다. "진심으로 자녀의 안전을 바라십니까? 우리는 다 지구라는 작은 돌덩이 위에서 천문학적 숫자의 시속으로 우주를 돌고 있습니다. 어느 날 발밑이 푹 꺼지면서 사람마다 추락할 텐데, 아무리 떨어져도 바닥이 없거나 아니면 하나님의 영원한 품에 안기거나 둘 중 하나입니다. 그런데 고작 석사 학위로 자녀의 안전을 보장하시겠다는 겁니까?"[26]

죽음을 통해 하나님은 이렇게 말씀하신다. "내가 너의 안전이 아니라면 너는 전혀 안전하지 못하다. 오직 나만이 너에게서 멀어질 수 없기 때문이다. 내가 너를 영원한 품에 안으리라. 다른 모든 품은 너를 버리겠

죽음은 우리를 흔들어 깨워
이생이 영원하리라는
착각에서 벗어나게 해 준다.
사랑하는 이의 장례식에 가거든
당신에게 말씀하시는
하나님의 음성을 들으라.
그분은 그분의 사랑을 제외하고는
이생의 모든 것이 덧없다고 말씀하신다.
이것이 사실이다.

으나 나는 결코 너를 버리지 않는다."

후자극제는 냄새가 아주 고약하지만 효과가 좋다. 착각에서 깨어날 때 당신은 안심해도 된다. 우리가 믿음으로 예수 그리스도를 구주로 삼는다면, 그분이 우리에게 베푸시는 것이 있기 때문이다. 히브리서 말씀을 보자.

> 그러므로 만물이 그를 위하고 또한 그로 말미암은 이가 많은 아들들을 이끌어 영광에 들어가게 하시는 일에 그들의 구원의 창시자를 고난을 통하여 온전하게 하심이 합당하도다 …… 그도 또한 같은 모양으로 혈과 육을 함께 지니심은 죽음을 통하여 죽음의 세력을 잡은 자 곧 마귀를 멸하시며 또 죽기를 무서워하므로 한평생 매여 종노릇하는 모든 자들을 놓아주려 하심이니.
>
> 히브리서 2장 10, 14-15절

예수님은 우리를 구원하시려고 고난과 죽음을 통해 우리 구원의 "창시자"가 되셨다. 헬라어 원어로는 "아르케고스"다. 성경학자 윌리엄 레인은 사실 이 단어는 "챔피언"champion으로 번역해야 한다고 지적했다.[27]

챔피언이란 대리전을 치르는 사람이었다. 다윗과 골리앗은 서로 결투할 때 둘 다 자국 군대의 챔피언으로 출전했다. 대표로 싸운 것이다. 챔피언이 이기면 전군은 손가락 하나 까딱하지 않고도 전투에 승리했다. 예수님이 하신 일이 바로 그것이다.

그분은 우리의 가장 큰 적인 죄와 사망에 맞서셨다. 다윗과 달리 그분은 목숨을 거신 정도가 아니라 목숨을 버리셨고, 그리하여 죄와 사망을 물리치셨다. 마땅히 우리가 치러야 할 죗값, 죽음이라는 형벌을 우리 대신 그분이 대표로 치르셨다. 그런데 그분은 죄 없이 온전하게 하나님과 이웃을 사랑하신 분이므로 사망에 매여 있을 수 없었고[행 2:24] 그래서 죽은 자 가운데서 부활하셨다.

그래서 히브리서 기자는 2장 14절에 그분이 죽음의 세력을 멸하셨다고 했다. 그분은 우리를 위해 죽으심으로 우리의 형벌을 제하셨고, 믿음으로 그분과 연합하는 모든 사람에게 장래에 부활하리라 보장하셨다. 우리의 위대한 대장이시자 챔피언이신 예수 그리스도께서 사망을 물리치셨다.

모든 종교가 죽음과 내세를 말하지만, 대체로 주

장하는 바는 영원에 대비하려면 착하게 살아야 한다는 것이다. 그런데 막상 죽음이 닥쳐오면 우리 모두는 자신이 최선의 삶의 근처에도 가지 못했음을 깨닫는다. 마땅히 살아야 하는 대로 살지 못한 것이다. 그러니 우리가 죽기를 무서워하여 끝까지 거기에 매여 있는 것은 당연한 일이다.

기독교는 다르다. 기독교는 나 혼자 죽음에 맞서 내 인생 이력으로 충분하기만을 바라도록 내버려 두지 않는다. 기독교에는 죽음을 이기신 챔피언이 계시다. 그분이 사랑으로 우리를 용서하고 덮어 주신다. 우리는 "그(분) 안에서"빌 3:9 그분의 완전한 이력에 의지해 죽음에 직면한다. 이 사실을 믿고 알고 받아들이는 정도만큼 우리는 죽음의 세력에게서 해방된다.

그러므로 죽음이 "어느 길손도 갔다가 다시 돌아오지 못한 미답의 나라"라던 햄릿의 말은 틀렸다. 죽음에서 돌아오신 분이 **계시다**. 예수 그리스도께서 죽음의 세력을 멸하신 결과로 "세상의 냉혹한 벽에 틈새가 열렸다."[28] 이것을 믿음으로 붙들면 더는 흑암을 두려워할 필요가 없다.

바울이 남긴 명언이 있다.

사망아 너의 승리가 어디 있느냐 사망아 네가 쏘는 것이 어디 있느냐.

고린도전서 15장 55절

바울은 죽음을 이겨 낸 것이 아니라 **조롱했다**. 제 정신인 사람치고 누군들 인류의 가장 막강한 적을 보며 **조롱할** 수 있겠는가? 바울이 즉시 답을 내놓는다. "사망이 쏘는 것은 죄요 죄의 권능은 율법이라 우리 주 예수 그리스도로 말미암아 우리에게 승리를 주시는 하나님께 감사하노니."고전 15:56-57

바울의 말대로 "사망이 쏘는 것"은 우리의 양심이다. 즉 도덕법 앞에서 우리가 의식하는 죄와 심판이다. 여기까지는 햄릿도 말했다. 그런데 그리스도께서 그것을 제하셨다. 더 정확히 말해서 그분은 모든 믿는 자들을 위해 그것을 대신 짊어지셨다.

도널드 그레이 반하우스가 필라델피아의 제십장로교회에서 목회할 당시, 겨우 삼십 대 후반이던 그의 아내가 채 열두 살도 안 된 네 자녀를 남긴 채 암으로 세상을 떠났다. 그가 자녀들과 함께 차를 몰아 장례식으로 향하는데 대형 트럭이 안쪽 차선으로 추월하면서

트럭의 그림자가 그의 차에 드리웠다.

그 순간 반하우스는 아이들에게 "트럭과 트럭의 그림자 중 어느 하나에 치여야 한다면 너희는 어느 쪽을 택하겠니?"라고 물었다. "당연히 그림자죠"라는 열한 살 아이의 답에 그는 이렇게 설명해 주었다. "그게 바로 지금 엄마에게 벌어진 일이야. …… 예수님이 죽음 자체에 이미 치이셨기 때문에 엄마는 죽음의 그림자에 치였을 뿐이야."[29]

사망이 쏘는 것은 죄이며, 그 독은 예수님께로 흘러들었다.

그래서 모든 그리스도인에게는 이렇게 죽음에 맞서 승리할 능력이 이미 있다. 이전에 나는 한 친구와 함께 만성이 된 질병에 시달리는 그의 아내 이야기를 나눈 적이 있다. 몇 번이나 의료진의 예측을 뒤집고 "죽음을 이겨 낸" 그녀였지만 이번에는 몹시 위중해 아무래도 가망이 없었다.

친구와 내가 대화 중에 한목소리로 고백했듯이, 신자는 죽든 살든 결과와 무관하게 늘 죽음을 이긴다. 예수 그리스도께서 죽음을 이기셨기에 이제 죽음이 할 수 있는 일이라고는 우리를 지금까지보다도 더 행복하고 더 사랑받는 존재가 되게 하는 것뿐이다. 예수님이 당신을 위해 죽으시고 부활하여 당신의 살아 계신 구주가 되셨을진대 죽음이 당신에게 무엇을 어찌하겠는가?

신자는 죽든 살든 결과와 무관하게
늘 죽음을 이긴다.
예수 그리스도께서 죽음을 이기셨기에
이제 죽음이 할 수 있는 일이라고는
우리를 지금까지보다도
더 행복하고 더 사랑받는 존재가
되게 하는 것뿐이다.

2.

사랑하는 이의 죽음, 어떻게 받아들이고 감당할 것인가

충분히 슬퍼하되, 깊은 소망을 품고

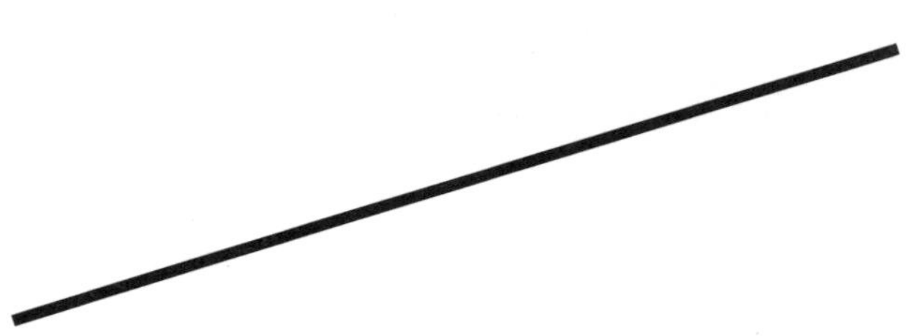

형제들아……

너희가 알지 못함을 우리가 원하지 아니하노니

이는 소망 없는 다른 이와 같이 슬퍼하지 않게 하려 함이라

우리가 예수께서 죽으셨다가 다시 살아나심을 믿을진대

이와 같이 예수 안에서 자는 자들도

하나님이 그와 함께 데리고 오시리라.

데살로니가전서 4장 13-14절

앞 장에서는 두려워하지 않고 우리 자신의 죽음에 직면하는 법을 살펴보았다. 그렇다면 우리가 사랑하는 이들의 죽음은 어떻게 받아들일 것인가? 두말할 필요도 없겠지만 당신은 앞으로 많은 죽음을 접할 것이다. 장수한다면 나이가 들수록 사별할 일도 그만큼 많아진다. 지인들만 아니라 친구들도 죽고, 친구들만 아니라 끔찍이 사랑하던 가족들도 언젠가는 죽는다.

데살로니가전서 4장에 보면 기독교는 본인의 죽음만이 아니라 사랑하는 이들의 죽음과 관련해서도 우리에게 놀라운 자원을 부여한다. 본문에서 바울은 "소망 없는 다른 이와 같이 슬퍼하지 않아야" 한다고 했다. 이는 이중부정이므로 실제로는 "**소망을 품고 슬퍼하라**"라는 말이다. 우리의 철천지원수인 죽음 앞에 극도의 균형이 필요하다는 것이다.

흔히들 생각하는 '균형 잡힌' 사람이란 대개 양극단을 피한다는 뜻이다. 그러나 바울은 양극단의 균형 잡힌 조합으로 우리를 부른다. 보다시피 그는 "슬퍼하지 말라"라고 말하지 않는다. 그리스도인도 사랑하는 사람을 잃으면 마땅히 슬퍼해야 하되 다만 방식이 달라야 한다는 것이다. 그의 말은 "슬퍼하지 말고 대신 소망을 품으라"도 아니고 "소망 따위는 없으니 그냥 울고 슬퍼하라"도 아니다.

바울은 그리스도인도 가슴 깊이 충분히 슬퍼할 수 있고 마땅히 그래야 하지만, 동시에 소망이 공존한다고 말한다. 어떻게 그럴 수 있을까?

슬픔을 애써 억누르지 말라

한편으로 우리는 그저 참고 이겨 내려 애쓰지 말

고 슬퍼해야 한다. 그러나 슬퍼하는 것이 옳음에도 불구하고 슬픔은 독소로 변할 수 있다. 소망을 가미하지 않으면 슬픔 때문에 마음이 독해지고 삶이 어두워지고 기쁨이 짓눌릴 수 있다. 가장 놀라운 예를 친구 나사로의 무덤 앞에 서신 예수님에게서 볼 수 있다. 요 11장

유가족인 마리아와 마르다를 찾아가신 그분은 "이를 악물고 고개를 들고 마음을 단단히 먹으라"라고 하지 않으셨다. 마리아의 말을 듣고 난 그분의 반응은 다음과 같았다.

"예수께서 눈물을 흘리시더라." 요 11:35

아무 말씀도 없이 울기만 하셨다. 이어 그분은 '화가 나서 씩씩거리시며'38절; 모든 영역본에는 표현이 다소 누그러져 있지만 나사로의 무덤으로 가셨다.[1]

하나님의 아들 예수님은 자신이 곧 큰 기적을 일으켜 죽은 친구를 다시 살리실 것을 훤히 아셨다. 그러니 우리 생각 같아서는 그분이 무덤으로 걸어가실 때 슬며시 미소를 지으며 속으로 이렇게 생각하실 법도 하지 않은가? '잠시 후면 다들 내가 하려는 일을 보리라! 다 잘되리라!'

그런데 그분은 울고 슬퍼하고 분노하셨다. 세상을

만드신 창조주께서 어떻게 자기 세상에서 일어난 무언가에 노하실 수 있을까?

죽음이 침입자라서 그렇다. 하나님이 본래 설계하신 세상과 인생에 죽음은 들어 있지 않았다. 창세기 처음 석 장을 보라. 본래 우리는 죽지 않고 영원히 살도록 되어 있었다. 시간이 갈수록 더 쇠약해지는 게 아니라 더 아름다워지도록 되어 있었다. 기력을 잃고 죽는 게 아니라 더 강건해지도록 되어 있었다.

그런데 바울이 로마서 8장 18-23절에 설명했듯이, 우리가 하나님을 등지고 스스로 구주와 주님이 되려는 바람에 모든 것이 망가졌다. 사람의 몸, 자연 질서, 우리의 마음, 관계 등 아무것도 이제 본래의 설계대로 작동하지 않는다. 전부 훼손되고 변질되고 망가졌으며, 죽음도 그 일부다.[창 3:7-19] 그래서 예수님은 죽음이라는 괴물 앞에 노하여 눈물을 흘리신다. 죽음은 그분이 사랑하시는 창조 세계를 무참히 일그러뜨렸다.

그러므로 '이를 악무는' 극기는 죽음과 슬픔에 잘못 반응하는 것이다. 그런 반응에도 여러 종류가 있는데 그중 하나는 이것이다. "이제 고인은 주님과 함께 있다. 주님이 모든 것을 합력하여 선을 이루시니 너무 슬퍼할 필요 없다. 물론 보고 싶기야 하겠지만 고인은 이제 천국에 있다. 무슨 일이든 다 그만한 이유가 있는 법이다."

엄밀한 의미에서 옳을 수도 있다. 하지만 그거야 예수님도 다 아셨다. 그분은 나사로가 다시 살아날 것도 아셨고, 이 일이 아버지께서 계획하신 사역의 일환임도 아셨다. 그런데도 비통하고 분해서 슬퍼하셨다. 왜 그러셨을까? 그것이 죽음이라는 악과 기현상에 내보일 올바른 반응이기 때문이다.

세상이 유족에게 건네는 조언은 대부분 모종의 극기다. 《일리아스*Iliad*》에 나오는 고대의 한 예를 보면, 죽은 헥토르의 아버지에게 아킬레스가 "견디시오. …… 아들 때문에 슬퍼해 봐야 아무것도 나올 게 없소"라고 말한다.[2] 현대 회의론자들이 하는 말과 같다. "죽으면 끝이다. 그뿐이다. 슬퍼한다고 아무것도 달라지지 않는다. 부질없는 짓이다. 그냥 이게 현실이다."

좀 더 세련된 현대판 세속 관점은 우리에게 죽음을 그저 생명 순환의 지극히 자연스러운 일부로 보라며 이렇게 말한다. "죽음은 삶의 자연스러운 일부일 뿐이며 전혀 두려워할 게 아니다. 죽으면 우리 몸도 풀과 나무와 기타 동물처럼 땅을 기름지게 한다. 결국 우리는 우주의 먼지가 된다. 여전히 우주의 일부이니 그것도 괜찮다."

하지만 죽음을 이렇게 보는 관점이 우리 심연의 직관에 과연 들어맞는가?

그리스도인 철학자 피터 크리프트는 자신의 친구 부부 이야기를 소개했다. 신앙이 없던 그들에게 일곱 살 난 아들이 있었는데 그의 세 살배기 사촌이 죽었다. 그들은 아들아이를 앉혀 놓고 이런 말로 위로하려 했다. "알고 보면 죽음은 지극히 자연스러운 일이야."

아들을 도와주려고 이런 설명도 했다. "지극히 자연스러운 일이니까 죽어도 괜찮지. 죽으면 네 몸이 흙으로 돌아가 땅을 기름지게 하고, 덕분에 다른 생물이 자란단다. 영화 〈라이언 킹〉에서 너도 봤잖아."

그러나 어린 소년은 위로받기는커녕 "나는 그 애가 비료가 되는 게 싫어!"라고 외치며 방에서 뛰쳐나갔다.[3]

그 부모보다 아이가 예수님의 관점에 더 가까웠다. 슬퍼했으니 말이다. 죽음은 정상이 아니요, 또한 본연의 상태가 아니다. 하나님이 지으신 세상은 본래 그렇지 않았다.

당신 마음속에 인간 본연의 소망이 있는데, "죽음은 그냥 당연한 일이다"라고 말하면 그 소망이 조금씩 무디어지거나 어쩌면 죽는다.

누구나 마음속으로 안다. 우리는 나무나 풀과 같지 않다. **영원히** 살도록 창조되었다. 그래서 모래밭에 스러지는 파도처럼 한낱 덧없고 시시한 존재가 되기를 원하지 않는다. 우리 마음은 무엇보다도 간절하게 영원한 사랑을 갈망한다.

죽음은 본연의 상태가 아니다. 죽음은 비정상이고 아군이 아니며 당연하지도 않다. 결코 생명 순환의 일부가 아니다. 죽으면 다 끝난다. 그러니 슬퍼하고 울라. 성경은 우리에게 울라고 할 뿐만 아니라 우는 자들과 함께 울라고 한다. 롬 12:15 우리 앞에 울 일이 많다는 말이다.

슬퍼하되, 소망을 품고

그러나 슬퍼하는 게 분명히 옳음에도 불구하고 바

울은 우리의 슬픔에는 또한 소망이 뒤따라야 한다고 말한다. 앞서 보았듯이 죽음 앞에서 슬픔과 격노를 억압하면 심리적으로 해로울 뿐 아니라 참으로 우리의 인성에도 해롭다. 물론 분노는 인성을 짓밟아 우리를 독하고 완고해지게 할 수도 있다. 그래서 "꺼져 가는 빛에 맞서 **격노"하기만** 해서는 안 되고 소망도 있어야 하는 것이다. 그래야 슬퍼하는 방식이 달라질 수 있다.

그렇다면 무엇을 소망할 것인가? 친구 나사로의 무덤 앞에 서신 예수 그리스도를 보라. 그분은 슬퍼하고 울고 노하셨다. 잠시 후면 자신이 친구를 죽은 자 가운데서 다시 살리실 것을 아시면서도 말이다.

하지만 그분은 나머지 모든 사람이 상상조차 못했던 부분까지도 미리 아셨다. 요한복음 11장 끝에 보면 그분이 친구 나사로를 죽은 자 가운데서 다시 살리시자 그분을 대적하던 세력이 한목소리로 이렇게 말한다. "더는 가만히 둘 수 없다. 이제 죽여야 한다. 우리가 예수를 죽여야 한다."

예수님은 죽은 나사로가 다시 살아나면 적들이 극단적 조치로 치달을 것을 아셨다. 나사로를 무덤에서 나오게 하려면 자신이 무덤에 들어가시는 수밖에 없음을 아셨던 것이다. 그분을 믿는 모든 사람에게 부활을 보장하시려면 실제로 그분이 죽으셔야만 했다. 십자가에서 그분이 하신 일이 바로 그것이다.

예수님이 죽으신 덕분에 우리는 죄와 사망에서 해방되어 그분의 부활에 동참한다. 로마서 6장 5-9절에 나와 있는 대로다.

> 만일 우리가 그의 죽으심과 같은 모양으로 연합한 자가 되었으면 또한 그의 부활과 같은 모양으로 연합한 자도 되리라 우리가 알거니와 우리의 옛 사람이 예수와 함께 십자가에 못 박힌 것은 죄의 몸이 죽어 다시는 우리가 죄에게 종노릇하지 아니하려 함이니 이는 죽은 자가 죄에서 벗어나 의롭다 하심을 얻었음이라 만일 우리가 그리스도와 함께 죽었으면 또한 그와 함께 살 줄을 믿노니 이는 그리스도께서 죽은 자 가운데서 살아나셨으매 다시 죽지 아니하시고 사망이 다시 그를 주장하지 못할 줄을 앎이로라.

예수님이 죽음을 정복하셨기에 우리도 장차 그분의 부활에 동참한다. 이것이 우리의 소망이다.

예수님은 나사로를 무덤에서 나오게 하려면

자신이 무덤에 들어가시는 수밖에 없음을 아셨다.

그분을 믿는 모든 사람에게

부활을 보장하시려면

실제로 그분이 죽으셔야만 했다.

십자가에서 그분이 하신 일이

바로 그것이다.

당신에게 이 소망이 없다면 죽음을 대할 때 어찌 할지 막막할 것이다. 죽음이라는 것이 점점 곪아서 당신을 절망에 빠뜨릴 수도 있다. 하지만 반대로 우리는 슬픔에 소망을 더할 수도 있다.

우리는 슬픔과 소망이 상호 배타적이라고 보는 경향이 있지만 바울은 그렇지 않았다. 이 둘이 짝을 이룰 수 있음을 보여 주는 예화가 있다. 오랜 세월 사람들은 소금을 쳐서 육류를 보존했다. 소금에 절이면 고기가 썩지 않는다. 마찬가지로 슬픔도 소망이라는 소금을 치지 않으면 고기처럼 상한다.

죽음 앞에 슬퍼하고 격노하는 것은 거대한 악에 내보이는 온당한 반응이다. 그러나 그리스도인에게는 소망이 있어, 마치 고기에 소금을 바르듯 그 소망을 슬픔과 분노에 '바를' 수 있다. 슬픔을 억누르거나 절망에 굴하는 것은 옳지 못하다. 분노를 억제하거나 무조건 다 터뜨리는 것도 영혼에 이롭지 못하다. 그러나 슬픔을 소망에 절이면 지혜와 긍휼과 겸손과 애정이 싹튼다.

충분히 슬퍼하되 깊은 소망을 품으라! 내가 왜 이를 중용이 아니라 양극단의 조합이라 했는지 알겠는가? 이렇게 하면 단순히 극기할 때보다 더 힘이 나고, 절망할 때보다 더 마음껏 애통할 수 있다.

여러 해 전에 나는 이것을 처음으로 직접 경험했다. 갑상선에 혹이 있어 조직 검사를 받던 중이었는데 결과는 암이었다. 충격을 감추지 못한 내 표정에 의사는 "물론 치료가 가능합니다"라고 덧붙였다. 실제로 내 갑상선암은 치료의 시간을 거쳐 말끔해졌다.

그럼에도 이후 몇 달 동안 내가 배운 사실이 있다. 사람들에게 "그리스도인은 죽음 앞에서도 소망이 있습니다"라고 말해 주기는 쉬워도, 내가 암으로 죽을지도 모르는 상황에서 실제로 그 소망을 내 것으로 붙들기란 쉽지 않다는 것이다.

알고 보니 그리스도인의 이 소망을 얻으려면 바울이 데살로니가전서에 한 말을 묵상하는 것이 그 비결 가운데 하나였다. 그는 자신의 친구들에게 "소망 없는 다른 이나머지 인류, NIV와 같이" 슬퍼하지 말라고 했다. 일부 주석가들의 말마따나 세상에는 많은 종교가 있으며 거의 모두가 모종의 내세를 믿는다. 그런데 바울은 왜 나머지 인류가 죽음 앞에 소망이 없다고 했을까?

많은 사람이 이미 지적했듯이 이는 상대적 표현

이다. 예수님은 누가복음 14장 26절에 그분을 따르려면 '부모를 미워해야 한다'고 하셨는데, 이는 그분을 향한 헌신이 워낙 절대적이어서 이에 비하면 다른 모든 충절은 차라리 미움처럼 무색해 보인다는 뜻이다. 마찬가지로 바울의 말도 아무도 내세를 바라지 않는다는 뜻이 아니라 미래에 대한 그리스도인의 소망에 독보적 위력이 있다는 뜻이다. 우리도 죽음에 대비하려면 그의 말대로 이 큰 소망을 즐거워해야 한다.

그리스도인이 품는 소망의 위력

그렇다면 그리스도인이 죽음 앞에서 누리는 이 독보적 소망의 특성은 무엇인가?

이 소망은 인격적이다

우선 인격적 소망이다. 그리스도 안에서 죽는 사람의 미래는 무한한 사랑의 세계다.

어떤 종교들은 이렇게 말한다. "물론 내세는 존재하지만 한 인격체로서의 당신의 의식은 소실된다. 어차피 환영일 뿐인 당신의 개체성도 소멸된다. 당신은 다시 바다로 돌아가는 물방울과 같아서 물방울로 남지 않고 삼라만상의 정령에 귀속된다. 사후에는 **너**와 **내**가 없이 늘 우주의 일부일 뿐이다."

그러나 바울은 이렇게 말한다.

> 주께서 호령과 천사장의 소리와 하나님의 나팔 소리로 친히 하늘로부터 강림하시리니 그리스도 안에서 죽은 자들이 먼저 일어나고 그 후에 우리 살아남은 자들도 그들과 함께 구름 속으로 끌어 올려 공중에서 주를 영접하게 하시리니 그리하여 우리가 항상 주와 함께 있으리라 그러므로 이러한 말로 서로 위로하라.
>
> 데살로니가전서 4장 16-18절

보다시피 "함께"라는 말이 반복된다. 장차 당신은 사별했던 이들과 함께 있을 것이고, 주님과도 영원히 함께 있을 것이다. 이런 표현은 인격적 관계를 의미한다. 즉 완전한 사랑의 관계들이 영원히 지속된다.

조나단 에드워즈는 "천국은 사랑의 세계다"라는 유명한 설교에서, 우리가 알 수 있는 최고의 행복은 타인에게 사랑받는 것이라고 말문을 뗐다. 그러면서 덧붙이기를 이 땅에서는 아무리 좋은 사랑의 관계라도 속이 잔뜩 막힌 파이프와 같아서 실제로 물사랑이 조금밖에 흐르지 못한다고 했다. 그러나 천국에서는 "막힌" 데가 다 뚫려, 지상에서 알던 그 무엇보다도 무한히 크고 형언 못할 사랑을 경험한다.[4]

이 땅에서는 거부당할까 봐 두려워 가면을 쓰기 때문에, 우리는 누군가 나를 다 알면서도 참으로 사랑해 줄 때의 그 위력적 변화를 결코 경험하지 못한다. 그뿐만 아니라 우리는 이기심과 시샘에서 비롯된 사랑을 하다 보니, 사랑의 관계가 흔들리고 약해지고 아예 끝나 버리기까지 한다. 마지막으로 상대를 잃을지도 모른다는 두려움이 사랑의 관계를 잠식한다. 그래서 우리는 통제 욕구에 사로잡혀 걸핏하면 상대를 몰아가거나 아니면 두려워서 숫제 헌신의 관계를 맺지 않는다.

에드워즈가 단언했듯이, 현세의 사랑을 '갈수기한 해 동안 강물이 가장 적은 시기 때의 강바닥'으로 전락시키는 그 모든 요인은 천국에 가면 다 없어진다. 천국의 사랑은 기쁨과 지복의 끝없는 홍수이자 원천이 되어 영원토록 무한히 우리 안에 흘러들고 또 흘러 나간다.

그리스도인의 소망은 사랑의 관계가 지속되는 인격적 미래를 내다본다.

이 소망은 물리적이다

우리의 소망은 또한 물리적이다. 잘 보면 바울은 그냥 우리가 천국에 간다고 말하지 않고 "그리스도 안에서 죽은 자들이 …… 일어난다"고 했다. 물론 우리는 사후에 영혼이 천국에 갈 것도 믿지만, 그것이 구원의 정점은 아니다. 세상 끝 날에 우리는 새 몸을 받는다. 우리도 부활하신 예수님과 똑같이 부활한다. 알다시피 부활하신 예수님은 제자들을 만나셨을 때 자신이 영이 아니라 "살과 뼈"가 있다고 힘주어 말씀하시며, 그 증거로 그들 앞에서 음식을 잡수셨다. 눅 24:37-43

그분이 그들에게 가르치셨듯이, 다른 모든 주요 종교와 달리 기독교가 약속하는 것은 영만 있는 미래가 아니라 새로워진 하늘과 땅이다. 그곳은 모든 고난과 눈물과 질병과 악과 불의와 죽음이 사라진 완전한 물리적 세계다.

우리의 미래는 무형이 아니다. 장차 우리는 하나님 나라에 유령처럼 떠다니는 게 아니라 걷고 먹고 서로 부둥켜안을 것이다. 사랑할 것이다. 성대가 있으니 노래도 부를 것이다. 이 모두를 지금으로서는 상상할 수도 없을 정도로 기쁘고 탁월하고 만족스럽고 아름답고 힘차게 할 것이다. 인자이신 주님과 함께 먹고 마실 것이다.

그렇게 죽음은 최종 궤멸된다. 물리적 목숨을 잃은 것에 대한 천국의 위안 정도가 아니라 물리적 목숨까지도 회복하는 것이다. 평생 사모하던 사랑과 육체와 정신과 존재를 모두 얻는다.

당신 안에 참자아가 있는데, 그 진정한 당신은 온갖 흠과 약점에 파묻히고 훼손되고 가려져 있다. 그러나 여기 그리스도인의 소망이 있으니 곧 하나님의 사랑과 거룩하심이 장차 우리의 모든 결함을 태워 없앤다는 것이다. 그날 우리는 서로를 바라보며 이렇게 말할 것이다.

"당신이 이렇게 될 수 있음을 나는 늘 알았습니다. 그런 모습이 언뜻언뜻 조금씩 보였으니까요. 실제로 보니 정말 멋지군요!"

세상의 타문화와 타종교를 알 만큼 알았던 바울이 말하기를, 우리의 앞날은 추상적 영성만 있는 무형의

비인격적 세계가 아니라 사랑의 관계가 지속되고 만물이 회복되는 인격적 미래라 했다.

이 미래를 알고 늘 염두에 둔다면 과연 우리가 지금처럼 침울할 수 있을까? 가해자에게 복수하려는 생각 따위가 왜 들겠는가? 알다시피 평생 원하던 모든 것은 물론이고 감히 구하거나 생각하는 것에 더 넘치도록 받을 텐데 말이다. 남이 부러울 까닭이 무엇인가? 이 소망은 사람을 변화시킨다.

이 소망은 기쁨으로 충만하다

인격적이고 물리적일 뿐 아니라 기쁨이 넘치는 소망이다. 바울은 그저 우리가 서로 함께 지낸다거나 회복된 세상이 마냥 아름다울 거라고만 말하지 않았다. 그가 염두에 둔 핵심은 그게 아니다. 궁극적인 메시지이자 강조점은 바로 "우리가 항상 **주와 함께** 있으리라"는 것이다.[살전 4:17] 주님과 얼굴을 직접 마주하여 보며 그분과 온전히 교감을 이룬다는 뜻이다.

바울은 그것을 고린도전서 13장 12절에서 이렇게 말했다. "우리가 지금은 거울로 보는 것같이 희미하나 그 때에는 얼굴과 얼굴을 대하여 볼 것이요 지금은 내가 부분적으로 아나 그 때에는 주께서 나를 아신 것같이 내가 온전히 알리라."

요한도 요한일서 3장 2절에 "그가 나타나시면 우리가 그와 같을 줄을 아는 것은 그의 참모습 그대로 볼 것이기 때문이니"라고 썼다. 그리스도의 얼굴을 들여다보는 그 때에 우리는 완전히 변화될 것이다. 바울의 말대로 우리를 온전히 아시면서도 온전히 사랑하시는 그분 앞에 마침내 서기 때문이다.

모세가 두렵고 떨림으로 하나님의 영광을 보여 달라고 했을 때[출 33:18] 그분은 인간이 하나님의 영광을 직접 보면 죽는다고 답하셨다.[19-20절] 우리는 죄인이라서 거룩하신 하나님의 임재 안에 들어가면 살아남을 수 없다. 모세도 분명히 그 위험을 알았다. 그런데도 왜 그는 하나님의 영광을 직접 보려고 했을까?

다음 사실을 직관으로 알았기 때문이다. 우리는 본래 하나님을 한껏 알고 사랑하며, 그분의 사랑을 벗 삼고, 그분의 아름다움을 보도록 지음받았다. 모세가 어느 정도 알았던 것이 또 있다. 인간의 불안과 인정, 위안, 미적 체험, 사랑, 권력, 성취 등에 대한 욕구는 다 성 아우구스티누스의 명언대로 우리 안에 뚫린 "하나님 모양의 구멍"을 메우려는 수단이라는 것이다. 우리는 모든 품속에서 하나님의 품을 사모하고, 모든 사랑하는 얼굴에서 그분의 얼굴을 구하며, 무엇을 성취하든 하나님께 인정받으려 한다.

모세는 하나님을 직접 마주하는 기쁨의 관계를 갈망했다. 우리는 바로 그 관계를 누리도록 지음받았다. 하나님이 모세에게 주신 답은 본질상 성경 전체와 복음 자체의 주제다. 그분은 바위틈에 모세를 덮거나 가려서 그분의 "등"만 볼 수 있게 하겠다고 하셨다.[22-23절] 구약에서 하나님의 영광은 성막의 지성소에 거하여, 그분의 백성 가운데 임재했으나 사람들이 접근할 수는 없었다.

그러나 예수님이 오시자 요한은 그리스도 안에서 우리가 그의 영광을 보았다고 선포했다.[요 1:14] 바울도 부연하기를 예수님이 우리 대신 죽으시고 다 이루셨기에 그분을 믿는 우리는 이미 믿음으로 그분을 조금이나마 본다고 했다. 장차 우리를 온전히 변화시키실 그 모습을 말이다. 바울의 표현은 이렇다.

> 어두운 데에 빛이 비치라 말씀하셨던 그 하나님께서

예수 그리스도의 얼굴에 있는 하나님의 영광을 아는 빛을 우리 마음에 비추셨느니라.

고린도후서 4장 6절

이것은 모세가 간구했던 직접 대면은 아니며, 바울과 요한도 그런 대면은 장래의 일이라고 말했다. 지금의 우리는 '믿음의 눈'으로 볼 수 있다. 육안으로는 아직 하나님의 영광을 볼 수 없지만, 믿음과 말씀과 성령으로 말미암아 우리 삶과 마음속에 그분의 임재와 실재를 생생히 느낄 수 있다. 성경의 약속과 진리를 읽노라면 때로 주체할 수 없을 만큼 예수님이 실감되면서 우리에게 위안이 된다.

바울은 그것을 이렇게 말했다.

우리가 다 수건을 벗은 얼굴로 거울을 보는 것같이 주의 영광을 보매 그와 같은 형상으로 변화하여 영광에서 영광에 이르니 곧 주의 영으로 말미암음이니라.

고린도후서 3장 18절

바울의 말처럼 변화하는 사람이 의외로 아주 드물긴 하지만, 그래도 이것은 소수의 성도에게만 국한된 경험이 아니다. 로마서에 바울은 "소망이 우리를 부끄럽게 하지 아니함은 우리에게 주신 성령으로 말미암아 하나님의 사랑이 우리 마음에 부은 바 됨이니"라고 썼다. 롬 5:5 그에 따르면 하나님의 사랑을 머리로만 아는 게 아니라 성령께서 그 사랑을 우리 마음에 부어 주실수록, 즉 체험할수록 우리 미래의 소망도 그만큼 더 견고해진다.

이 말씀을 실제로 체험한 사람들이 꽤 많다. 당신도 성경을 읽거나 기도하거나 찬송을 부르다가 그분의 위대하심과 사랑이 느껴질 수 있다. 비록 일부에 불과하며 불완전한 것이고 아직은 믿음으로만 경험할 뿐이지만, 그래도 그것이 당신에게 위안과 변화를 가져다준다. 이것이 그분의 얼굴에서 우리 마음에 비쳐 오는 빛이다. 윌리엄 쿠퍼는 이렇게 썼다.

찬송하는 성도에게
놀라운 빛 비치니
주님 치유의 날개로

우리를 덮으시네.[5]

C. S. 루이스는 하나님의 영광이 이처럼 강 하류에서도 우리를 도취시키는데, 그 강의 발원지에서 마시면 얼마나 더하겠느냐고 반문했다.[6]

우리는 바로 그것을 누리도록 지음받았다. 시편 16편 11절 말씀 뒷부분을 직역하면 "주의 얼굴에는 충만한 기쁨이 있고 주의 오른손에는 영원한 즐거움이 있나이다"가 된다. 시편 17편 15절에는 죽고 나서 "깰 때에 주의 형상으로 만족하리이다"라고 했다. 17세기 영국의 목사이자 신학자인 존 플라벨은 이 구절을 설명하면서 장래에 뵐 하나님을 다음과 같이 묘사했다.

> 우리는 그 모습에 만족할 것이다.시 17:15 …… 지식으로 더 알아야 할 것도 없고, 의지로 더 힘쓸 일도 없으며, 기쁨과 즐거움과 사랑의 감정도 본연의 제자리에서 온전한 안식과 평온을 누린다. …… 당신을 즐겁게 하는 현세의 모든 것은 결코 만족을 줄 수 없다. 당신이 유독 하나님 자신만을 온통 사모하기 때문이다. …… 이 땅에서 누리던 위안은 영혼의 갈망을 채워

> 주기는커녕 오히려 감질나게 부채질할 뿐이다. 그러나 **어린양은 …… 그들을 생명수 샘으로 인도하신다.** 계 7:17[7]

아내 캐시가 가끔 내게 하는 말이 있다.

"미래의 영광은 기념품을 사지 않아도 되어서 좋아요."

무슨 뜻일까? 그 때의 삶에는 후회가 없을 테니, "그 나라에 가서는 사진을 하나도 찍지 못했다"라든지 "이런저런 경험을 하지 못했다"라고 말할 일도 없다는 뜻이다. 이 세상 것은 아무리 놀랍거나 위대해도 장차 직접 뵐 하나님 그리고 사랑의 세계인 새 하늘과 새 땅에 비하면 예고편이나 맛보기에 불과하다.

당신을 사랑으로 바라보시는 우주의 하나님을 마침내 뵐 때, 영혼의 잠재력이 모두 실현되면서 당신은 하나님의 자녀로서 영광의 자유를 누리게 된다.

이 소망은 확실하다

그리스도인의 소망에 독보적 측면이 하나 더 있다. 타종교도 내세를 믿을 수는 있으나 내세를 누가 누릴지에 대해서는 확신을 주지 못한다. 테오크리토스는 "소망은 산 자의 몫이며 죽은 자는 소망이 없다"라고 썼다.[8] 타종교에서는 아무도 자신이 복된 내세를 맞이할 만큼 덕을 충분히 쌓았다는 확신을 얻을 수 없다.[9]

그런데 바울은 이렇게 썼다.

> 우리가 예수께서 죽으셨다가 다시 살아나심을 믿을진대 이와 같이 예수 안에서 자는 자들도 하나님이 그와 함께 데리고 오시리라.
>
> 데살로니가전서 4장 14절

이 말이 무슨 뜻일까? 죄의 삯은 사망이다.롬 6:23 즉 우리는 죽어 마땅하다. 그런데 죄수도 죗값을 다 치르면 풀려난다. 법의 구속력이 소멸된다. 마찬가지로 예수님도 자신의 죽음으로 우리 죗값을 다 치르셨으므로 다시 살아나셨다. 법과 사망은 더는 그분께 구속력이 없으며, 그분을 믿는다면 우리에게도 마찬가지다. "이제 그리스도 예수 안에 있는 자에게는 결코 정죄함이 없나니."롬 8:1

그분을 믿으면 마치 우리가 직접 죗값을 치르고

죽은 것처럼 정죄로부터 자유로워진다. "만일 우리가 그리스도와 함께 죽었으면 또한 그와 함께 살 줄을 믿노니."롬 6:8

바울이 데살로니가전서 4장에 한 말이 바로 그런 뜻이다. 우리는 장래에 뵙게 될 하나님, 사랑의 세계, 새로워진 우주를 알 뿐만 아니라 그 놀라운 실재가 우리의 것임을 확신한다. 죽은 뒤에 하나님 곁으로 갈 만큼 자신이 충분히 착했는지 불안해하며 고민할 필요가 없다. 우리는 이 모두를 깊이 확신하며 살아간다. 그리스도인의 소망은 이 부분에서도 타의 추종을 불허한다. 무엇을 더 바라겠는가?

마가복음 5장에 보면 사람들이 예수님을 어느 소녀가 죽어 있는 방으로 모시고 간다. 다들 슬피 우는데 그분은 차분히 앉아 아이의 손을 잡으신다. 목격자의 진술 속에 예수 그리스도께서 실제로 아이에게 아람어로 하신 말씀이 보존되어 있다. "달리다굼"은 "얘야, 일어나라"로 번역하는 게 가장 좋다. 소녀는 정말 일어났다.

예수님이 앉아 소녀의 손을 잡고 하신 말씀은 어느 평범한 아침에 부모들이 자녀에게 할 법한 말이다.

그분은 "얘야, 일어날 시간이다"라고 하셨다.

그 순간 예수님이 맞서신 것은 무엇인가? 그분은 인류가 맞서야 할 가장 냉혹하고 무자비한 난공불락의 세력에 맞서셨으니, 곧 죽음이다.

그런데 그분은 죽음 저편의 소녀를 손으로 살짝 당겨서 일으키셨다. 이렇게 말씀하신 셈이다. "내가 네 손을 잡으면, 네가 은혜 안에서 믿음으로 나를 알면 아무것도 너를 해칠 수 없다. 심지어 죽음이 닥쳐와도 그저 간밤의 단잠에서 깨어나는 것과 같다. 내 손에 붙들려 있다면 너는 죽는다 해도 도리어 지금보다 더 나아질 뿐이다. 아무것도 너를 해칠 수 없다. 그러니 안심하라."

C. S. 루이스는 이렇게 썼다. "장차 그분은 우리 가운데 가장 연약하고 부정한 이들까지도 …… 찬란하게 빛나는 불멸의 존재로 변화시키신다. 그때 우리는 지금으로서는 상상할 수도 없는 활력과 기쁨과 지혜와 사랑으로 끝없이 박동할 것이며, 반들반들 흠이 없는 거울처럼 하나님의 무한한 능력과 기쁨과 선하심을 그분께로 온전히 물론 작게나마 도로 반사할 것이다. …… 우리에게 예비된 미래가 자그마치 그 정도다."[10]

기뻐 웃으며 노래할 수 있다

이 시대 우리 문화에서 죽음을 입에 올려도 되는 몇 안 되는 곳 가운데 하나는 장례식장이다. 장례식에 참석하는 이유는 사람마다 다르다. 물론 고인의 생애를 기리고 유가족들을 위로하는 것도 그중 하나다. 그러면서 동시에 우리는 우리 삶의 마지막을 깊이 생각할 수밖에 없다.

결혼식 하객이 자신의 결혼식을 생각회고 또는 예견하듯이 장례식이 우리 앞에 들이미는 진실이 있다. 언젠가는 사람들이 내 장례식에 참석한다는 것이다. 그래서 평소 이런 생각을 하지 않던 사람도 이때만은 신의 존재와 내세의 문제를 생각하곤 한다. 하지만 고인이 가까운 가족이나 친구가 아닌 이상 장례식이 끝나면 다시 이전의 상태로 돌아가 죽음에 대한 생각을 최대한 멀리한다.

추도식과 달리 영결식은 그야말로 죽음의 목전에서 이루어진다. 관 속에 시신이 있다. 죽음을 마주하는 인간의 반응은 다양하지만, 우리가 범할 수 있는 두 가지 상반된 오류가 있다. 하나는 너무 절망하는 것이고,

또 하나는 마땅히 배워야 할 바를 배우지 않고 그냥 무시하는 것이다.

어느 쪽도 유익하지 못하므로 우리는 성경이 하라는 대로 해야 한다. 슬퍼하되 소망을 품어야 한다. 부정하지 말고 깨어나 영원한 평안의 근원을 찾아야 한다. 마지막으로, 웃고 노래해야 한다.

성경에 보면 하나님의 아들이 다시 오실 그 날에는 산과 숲도 기뻐 노래한다. 하나님의 아들 예수 그리스도께서 치유의 날개를 타고 재림하실 때 성경 말씀대로 산과 나무가 기뻐 노래한다. 그분의 손안에서 마침내 우리가 하나님이 뜻하신 본연의 모습으로 완성되기 때문이다.

산과 나무들이 진정 기뻐 노래할진대 하물며 우리는 오죽하겠는가?

그리스도인의 소망을 잘 표현한 문학 작품으로, 17세기 기독교 시인 조지 허버트의 시가 있다. "대화의 노래"A Dialogue-Anthem라는 시에 그는 '사망'과 한 '그리스도인'이 나누는 가상의 대화를 고린도전서 15장에 기초해 운치 있고 생동감 넘치게 담아냈다.

대화의 노래

조지 허버트

그리스도인 • 아, 가련한 사망이여!
너의 영광이 어디 있느냐?
너의 소문난 위세와 예로부터 쏘던 것이
어디 있느냐?

사망 • 아, 자취 없이 죽을 가련한 운명이여!
내가 너의 왕을 어떻게 죽였는지
가서 자세히 읽어 보라.

그리스도인 • 가련한 사망이여!
그 피해를 누가 입었던가?
너는 그분을 저주하려 했으나
정작 저주받은 것은 너로다.

사망 • 패자가 말이 많구나. 그러나 너도 결국은
죽을지니 내 손으로 너의 숨통을 끊어 놓으리라.

그리스도인 • 얼마든지 너의 최악을 다해 보라.
장차 나는 이전보다 나아지겠으나
너는 훨씬 더 나빠져서
온데간데없어지리라.

보다시피 그리스도인은 사망을 보며 이렇게 말한다. "어서 얼마든지 너의 최악을 다해 보라. 어서 네 최고의 타격으로 나를 쳐 보라. 네가 나를 낮출수록 나는 더 높아지겠고, 네가 나를 세게 칠수록 나는 더 찬란하고 영화로워지리라."

다른 글에서 조지 허버트는 "죽음은 한때 사형집행인이었으나 복음 앞에서 한낱 정원사로 전락했다"라고 말하기도 했다. 죽음은 한때 우리의 숨통을 끊어 놓을 힘이 있었으나 이제 죽음이 할 수 있는 일이라고는 우리를 하나님의 땅에 심어 비범한 존재로 피어나게 하는 것뿐이다.

오래전에 시카고의 유명한 드와이트 무디 목사는 죽음을 앞두고 이렇게 말했다. "머잖아 시카고의 여러 신문에 드와이트 무디의 부고가 실리거든 절대로 믿지 말라. 그 순간 나는 지금보다 더 생생하게 살아 있을 것이다."

슬퍼하되 소망을 품으라. 부정이나 착각에서 안심하고 깨어나라. 죽음 앞에 웃으며 장차 일어날 일을 생각하며 기뻐 노래하라. 예수 그리스도께서 당신의 손을 잡고 계시면 당신도 노래할 수 있다.

주의 백성의 힘이 되시는 우리 아버지여,

구하오니, 우리 가운데 마음이 상한 자들을 치유하시고

상처를 싸매 주옵소서.

장차 주께서 모든 눈물을 닦아 주시고

모든 어둠을 쫓아내실 그 날의 삶을

그들과 우리 모두에게 보여 주옵소서.

지금 성령의 능력으로 우리를 일으키셔서

소망과 신뢰 가운데 주님을 따르게 하옵소서.

주님의 능하신 사랑으로 우리를 보호하시고,

주님의 넘치는 지혜로 우리를 양육하시고,

주님의 아름다움으로 우리를 사로잡아 주시고,

주님의 평안으로 우리를 충만하게 하시며,

주님 임재의 빛과 사랑으로 우리 마음을 세워 주옵소서.

부활이요 생명이신 예수 그리스도의 이름으로 기도합니다.

아멘.

죽음은 한때
우리의 숨통을 끊어 놓을 힘이 있었으나
이제 죽음이 할 수 있는 일이라고는
우리를 하나님의 땅에 심어
비범한 존재로 피어나게 하는 것뿐이다.

▲ 부록

하나님의 약속을 붙들다 1

\# 나의 죽음을 생각하면서

\# 눈앞에 죽음이 다가왔을 때

기독교 신앙은 죽음 앞에서 신자에게 무엇에도 비할 수 없는 약속과 소망을 준다. 물론 아플 때 우리는 치유해 달라고 기도해야 한다. 우리 하나님은 기도를 들으시는 전능하신 분이기 때문이다. 그러나 하나님을 언제라도 대면하여 만날 준비도 되어 있어야 한다. 이 기회에 기도와 준비를 병행해야 한다.

- 당신은 예수님이 당신의 구주로 오셔서 당신이 살았어야 할 삶을 사셨고, 또 당신 대신 죽으셔서 당신의 죄를 속해 주셨으며, 은혜의 값없는 선물로 당신에게 구원을 베푸셨음을 믿는가?
- 돌이켜 당신이 저지른 모든 잘못을 회개했는가?
- 오직 예수님만을 신뢰하고 의지하여 하나님 앞에 받아들여졌는가?

이 믿음이 있다면 당신은 하나님께 정죄당하지 않는다.[롬 8:1]

죽음 앞에서 아직 하나님의 위로와 확실한 사랑을 누리지 못하고 있다면, 이렇게 자신에게 물어보라. "나는 그리스도께서 이루신 일을 믿어서 받는 구원과 내 힘으로 얻어 내는 구원의 차이를 분명히 알고 있는가? 혹시 나 스스로 구원을 얻어 내야 한다는 생각을 은연중에 조금이라도 고수하고 있지는 않은가?"

도덕적으로 실패한 과거의 기억 때문에 마음이 침울해지는가? 그런 생각일랑 물리치고 빌립보서 3장 4-9절을 묵상하라. 거기 바울이 말했듯이 행여 "육체를 신뢰할 만한" 사람이 있다면 바로 그 자신이었다. 바울이 생각할 때 종교적으로나 도덕적으로 자신보다 더 열심인 사람은 없었다. 그런 그가 그 모든 것이 무용지물임을 깨달았다.

중요한 것은 이것뿐이다. "그 안에서 발견되려 함이니 내가 가진 의도덕 이력는 율법에서 난 것이 아니요 오직 그리스도를 믿음으로 말미암은 것이니 곧 믿음으로 하나님께로부터 난 의라."

죽음을 마주한 신자가 묵상할 만한 약속이 성경에 많이 있다. 여기 당신의 죽음을 생각하거나 혹은 눈앞에 죽음이 다가왔을 때 일주일에 걸쳐 되새겨 볼 만한 성경 말씀을 소개한다. 요일별로 하나씩 모두 일곱 편이다.

나의 간절한 기대와 소망을 따라
아무 일에든지 부끄러워하지 아니하고
지금도 전과 같이 온전히 담대하여
살든지 죽든지 내 몸에서
그리스도가 존귀하게 되게 하려 하나니
이는 내게 사는 것이 그리스도니
죽는 것도 유익함이라
그러나 만일 육신으로 사는 이것이
내 일의 열매일진대
무엇을 택해야 할는지 나는 알지 못하노라
내가 그 둘 사이에 끼었으니.

/ 빌립보서 1장 20-23절

성경 말씀대로 죽음이란 참혹한 괴물이지만, 하나님과의 관계를 확신하는 그리스도인에게는 삶도 죽음도 유익하다. 이 땅에서나 천국에서나 각기 나름의 방식대로 하나님을 즐거워하며 섬길 수 있기 때문이다. "그 둘 사이에 끼었으니"라는 바울의 말은 허언이 아니다.

여호와께서 지금 말씀하시느니라 ……

너는 두려워하지 말라

내가 너를 구속하였고

내가 너를 지명하여 불렀나니 너는 내 것이라

네가 물 가운데로 지날 때에

내가 너와 함께할 것이라

강을 건널 때에 물이 너를 침몰하지 못할 것이며

네가 불 가운데로 지날 때에 타지도 아니할 것이요

불꽃이 너를 사르지도 못하리니

대저 나는 여호와 네 하나님이요

이스라엘의 거룩한 이요 네 구원자임이라.

/ 이사야 43장 1-3절

하나님이 명백히 말씀하시듯이, 우리가 그분의 것일진대 그분은 결코 우리를 버리지 않으신다. 이 땅에서 당하는 고난은 우리를 더 아름답게 빚어 줄 뿐이다. 높은 압력을 받아 만들어지는 다이아몬드의 이치와도 같다. 나아가 죽음은 궁극의 기쁨으로 들어가는 칙칙

한 문에 불과하다. 이사야 43장에 기초한 이 찬송가를 생각해 보라.

주를 믿어 안식하는 영혼
적에게 내주지 않으시리.
지옥 권세가 흔들려 해도
결단코 버리지 않으시리.[1]

○ 수요일 WED ○

그러므로 우리가 낙심하지 아니하노니
우리의 겉사람은 낡아지나
우리의 속사람은 날로 새로워지도다
우리가 잠시 받는 환난의 경한 것이
지극히 크고 영원한 영광의 중한 것을
우리에게 이루게 함이니
우리가 주목하는 것은 보이는 것이 아니요
보이지 않는 것이니

보이는 것은 잠깐이요

보이지 않는 것은 영원함이라.

/ 고린도후서 4장 16-18절

노년에 이르면 우리의 체력과 외모는 쇠하지만, 하나님의 은혜 안에 자라 가고 있다면 영혼은 날로 더 강건하고 아름다워진다. 죽음에 이르러 이 엄청난 전복은 완성된다. 몸은 망가지는데도 우리는 한없이 영화로워진다. 이 말씀으로 위로를 받으라.

○ 목요일 THU ○

만일 땅에 있는 우리의 장막 집이 무너지면

하나님께서 지으신 집 곧 손으로 지은 것이 아니요

하늘에 있는 영원한 집이 우리에게 있는 줄 아느니라

…… 참으로 이 장막에 있는 우리가

짐 진 것같이 탄식하는 것은

벗고자 함이 아니요 오히려 덧입고자 함이니

죽을 것이 생명에 삼킨 바 되게 하려 함이라 ……
우리가 담대하여 원하는 바는
차라리 몸을 떠나 주와 함께 있는 그것이라
그런즉 우리는 몸으로 있든지 떠나든지
주를 기쁘시게 하는 자가 되기를 힘쓰노라.

/ 고린도후서 5장 1, 4, 8-9절

전투를 앞두고 겁먹은 병사를 어떤 군목이 이렇게 위로했다고 한다. "살아남는다면 예수님이 자네와 함께하실 것이고 전사한다면 자네가 그분과 함께할 것이네. 어느 쪽이든 자네는 그분의 것일세."

○ 금요일 FRI ○

너희는 마음에 근심하지 말라
하나님을 믿으니 또 나를 믿으라
내 아버지 집에 거할 곳이 많도다
그렇지 않으면 너희에게 일렀으리라

내가 너희를 위하여 거처를 예비하러 가노니

가서 너희를 위하여 거처를 예비하면

내가 다시 와서 너희를 내게로 영접하여

나 있는 곳에 너희도 있게 하리라 ……

평안을 너희에게 끼치노니

곧 나의 평안을 너희에게 주노라

내가 너희에게 주는 것은

세상이 주는 것과 같지 아니하니라

너희는 마음에 근심하지도 말고 두려워하지도 말라.

/ 요한복음 14장 1-3, 27절

세상이 줄 수 있는 평안은 "아마 그렇게까지 나빠지지는 않을 거야"가 고작이다. 예수님의 평안은 다르다. 최악의 사건인 죽음조차도 결국은 최선의 사건이 된다. 우리는 다 진정한 "집"을 고대하거니와 예수님은 그 집이 당신을 기다린다고 말씀하신다.

만일 우리가 죄가 없다고 말하면 스스로 속이고
또 진리가 우리 속에 있지 아니할 것이요
만일 우리가 우리 죄를 자백하면
그는 미쁘시고 의로우사 우리 죄를 사하시며
우리를 모든 불의에서 깨끗하게 하실 것이요 ……
내가 이것을 너희에게 씀은
너희로 죄를 범하지 않게 하려 함이라
만일 누가 죄를 범하여도
아버지 앞에서 우리에게 대언자가 있으니
곧 의로우신 예수 그리스도시라.

/ 요한일서 1장 8절 - 2장 1절

우리가 죄를 인정하지 않고 숨기려 하면 하나님이 들추어내신다. 그러나 우리가 군소리 없이 죄를 회개하고 드러내면 하나님이 가장 놀랍고 기이한 방식으로 덮어 주신다. 신자들은 알거니와 그리스도는 이를테면 하늘의 법정에서 우리의 "대언자" 혹은 변호사 역할을 하신다. 즉 재판장이신 하나님이 우리를 보실 때 "그리스도 안에서" 보시므로 죄가 우리를 정죄할 수 없다. 그리스도인은 죽음이나 심판을 두려워할 이유가 없다.

○ 일요일 SUN ○

생각하건대 현재의 고난은
장차 우리에게 나타날 영광과 비교할 수 없도다 ……
그런즉 이 일에 대하여 우리가 무슨 말 하리요
만일 하나님이 우리를 위하시면
누가 우리를 대적하리요
자기 아들을 아끼지 아니하시고
우리 모든 사람을 위하여 내주신 이가
어찌 그 아들과 함께 모든 것을
우리에게 주시지 아니하겠느냐
누가 능히 하나님께서 택하신 자들을 고발하리요
의롭다 하신 이는 하나님이시니 누가 정죄하리요
죽으실 뿐 아니라 다시 살아나신 이는
그리스도 예수시니 그는 하나님 우편에 계신 자요

우리를 위하여 간구하시는 자시니라
누가 우리를 그리스도의 사랑에서 끊으리요
환난이나 곤고나 박해나 기근이나
적신이나 위험이나 칼이랴……
그러나 이 모든 일에
우리를 사랑하시는 이로 말미암아
우리가 넉넉히 이기느니라
내가 확신하노니 사망이나 생명이나
천사들이나 권세자들이나 현재 일이나 장래 일이나
능력이나 높음이나 깊음이나
다른 어떤 피조물이라도
우리를 우리 주 그리스도 예수 안에 있는
하나님의 사랑에서 끊을 수 없으리라.

/ 로마서 8장 18, 31-35, 37-39절

우리의 숱한 의문에 내놓는 바울의 답은 이것이다. "아무것도 없다! 하늘이나 땅이나 그 어디 그 무엇도 우리를 그리스도 안에 있는 하나님의 사랑에서 끊을 수 없다!"

사랑하는 이가 누운 관 앞에 서거나 본인에게 닥

쳐올 죽음을 생각할 때, 우리에게는 아무것도 우리를 하나님의 사랑에서 끊을 수 없다는 확신이 있다.

하나님의 약속을 붙들다 2

\# 사랑하는 사람이 세상을 떠났을 때

주변 사람의 갑작스러운 죽음을 경험했다면 향후 어디에 살 것인지, 직업을 바꿀 것인지 같은 삶의 중대한 결정을 당장 내려야 한다는 부담을 갖지 말라. 필시 지금은 그런 문제를 결정하기에 좋은 때가 아니다.

사랑하는 사람이 장기간 투병하거나 아예 한동안 의식을 잃었거나 혼미한 상태로 지내다가 사망했다면, 대개 고인이 떠나기 전부터 당신 마음속에서는 헤어짐을 준비하며 '정을 떼는' 작업이 시작된다.

그러나 느닷없이 닥친 죽음에 충격을 받은 경우에는 꽤 오랫동안 비현실감이 떠나지 않을 수 있다. 즉 모든 게 꿈이나 한 편의 영화 같고 자신이 마치 남처럼 느껴진다. 이런 상태에서는 그냥 하루 단위로 살면서 '당면한 일만 하면' 된다. 사람들과 함께 보내는 시간이 너무 많지도 않고 너무 적지도 않게 하라. 현실감이 찾아들고 마침내 고인을 놓아 보낼 수 있게 되면, 그때 더 좋은 상태에서 당신의 미래를 생각하면 된다. 너무 서두르지 말라.

자신에게든 다른 사람에게든 하나님께든 자신의 생각과 감정을 솔직히 시인하라. 의문을 품고 울분을 토하는 일이 '영적이지 못하다'라고 생각하지 말라. 예수님도 친구 나사로의 죽음 앞에서 우시고 분노하셨다. 욥도 주님께 울부짖었다. 욥은 목청껏 하소연하되 하나님께 했고, 당장 별 성과가 없는데도 부단히 기도하며 그분을 만났다.

이제 사랑하는 고인은 그리스도와 함께 있고 언젠가는 우리도 다시 만나겠지만, 그 사실을 안다는 이유만으로 슬픔과 분노를 억누른 채 당장 무조건 행복해야 하는 것은 아니다. 예수님도 그러지 않으셨다. 그렇다고 감정을 무절제하게 쏟아 내 자신이나 주변 사람을 해치지는 말라.

사랑하는 사람이 신자였다면 지금 고인이 누리고 있을 기쁨을 묵상해 보라. C. S. 루이스는 아내와 사별했을 때 "그녀는 하나님의 손안에 있습니다"라는 누군가의 말을 듣고 퍼뜩 떠오르는 심상이 있었다.

> "그녀는 하나님의 손안에 있습니다."
> 아내를 검으로 생각하면 이 말이 새로운 생기를 띤다.
> 지상에서 나와 함께했던 삶은 어쩌면 검을 벼리는
> 과정에 불과했다. 아마 지금은 그분이 칼자루를 쥐고
> 저울질하시며 이 신무기로 공중에 벼락을 내리치실

것이다. "예루살렘의 정품 칼날"이다. …… [그러하니] 설령 가능하다 해도 고인을 도로 불러온다면 얼마나 악한 일이겠는가![1]

사랑하는 고인의 현재 모습을 정말 육안으로 볼 수 있다면, 우리는 그 한없이 찬란하고 아름다운 자태를 주체하지 못해 엎드려 그 사람을 경배하고 싶어질 것이다. 물론 그쪽에서 허락하지도 않겠지만 말이다.

사랑하는 사람을 잃고 나면 가장 큰 도전은 다음 사실을 깨닫는 것이다. 사랑과 기쁨과 은혜가 이제는 다 사라진 것 같아도, 그 모든 것의 원천이신 주님께로부터 여전히 직접 받아 누릴 수 있다. 그분과 교제하면 여태 당신이 손조차 대 보지 못했던 능력의 깊은 샘이 열린다.

물론 즉시 되는 일은 아니다. 당신의 기도 생활이 당장 확 좋아지기를 기대하지 말라. 삶 전반이 그렇듯 기도도 비현실감에 휩싸일 것이다. 그러나 결국은 당신이 꿈에도 상상하지 못했던 위로와 평안이 준비되어 있다.

배우자, 가족, 친구, 건강, 집, 안전 등이 있을 때는 우리는 주님과의 교제와 기도가 얼마나 깊은 은혜가 되는지 굳이 헤아려 보지 않는다. 하지만 은혜는 무궁무진하게 쌓여 있다. 여생을 헤쳐 나가기에 족하고도 남으며, 그 사이에 당신은 이 비극을 당하기 전보다 어떤 면에서는 더 깊고 지혜롭고 즐거운 사람이 된다.

이런 상처는 여간해서 아주 사라지지 않는다. 하지만 예수님 손의 못 자국처럼 이 "상처도 영광 중에 빛날" 수 있다.[2] 그러니 지금의 허망감이 늘 계속되라는 법은 없다는 희망을 품으라.

여기 사랑하는 사람의 죽음을 앞두고 있거나 경험했을 때 일주일에 걸쳐 묵상할 만한 성경 말씀을 소개한다. 요일별로 하나씩 모두 일곱 편이다.

○ 월요일 MON ○

그의 날을 정하셨고
그의 달 수도 주께 있으므로
그의 규례를 정하여 넘어가지 못하게 하셨사온즉

그에게서 눈을 돌이켜
그가 품꾼같이 그의 날을 마칠 때까지
그를 홀로 있게 하옵소서.
/ 욥기 14장 5-6절

주께서 내 친구들과 사랑하는 사람들을
내게서 빼앗아 가시니
어둠만이 나의 가장 가까운 친구가 됐습니다.
/ 시편 88편 18절, 우리말성경

하나님은 이런 상념까지도 그분의 기록된 말씀 속에 허용하실 뿐 아니라 일부러 넣어 두셨다. 이것은 무엇을 말해 주는가? 절박한 상황에서 우리가 무슨 심정으로 어떻게 말할지를 그분은 아신다.[3]

의인이 죽을지라도 마음에 두는 자가 없고
진실한 이들이 거두어 감을 당할지라도
깨닫는 자가 없도다
의인들은 악한 자들 앞에서 불리어 가도다
그들은 평안에 들어갔나니
바른길로 가는 자들은
그들의 침상에서 편히 쉬리라.

/ 이사야 57장 1-2절

우리 관점에서 보면 죽음, 특히 요절은 거대한 악일 뿐이다. 그러나 우리는 미래를 모른다. 죽음을 통해 하나님이 사람을 그분께로 데려가 평안을 주시고 악을 면하게 하신다면 어찌할 것인가? 왜 이것이 인간의 직관에 그토록 반할까?

요한복음 11장 17-44절을 읽으라. 예수님이 보여주시듯이 그분은 죽음을 하나님 관점에서도 보시고 사별한 인간의 관점에서도 보신다. 마리아와 마르다와 함께 우시면서도 죽음을 향해 격노하신다.[38절, AMP] 잠시 후 친히 나사로를 다시 살리실 텐데도 말이다. 하나님은 그분의 사람을 집으로 즉 그분께로 부르실 때도, 죽음에 뒤따르는 비통함과 참담함을 아시고 우리와 함께 슬퍼하신다. 하나님이 죽음을 미워하신다는 사실을 아는 것이 우리에게 어떤 식으로 도움이 되는가?

> 예수께서 이르시되 나는 부활이요 생명이니
>
> 나를 믿는 자는 죽어도 살겠고
>
> 무릇 살아서 나를 믿는 자는 영원히 죽지 아니하리니
>
> 이것을 네가 믿느냐.
>
> / 요한복음 11장 25-26절

당신은 이것을 믿는가? 믿는다면 어떻게 슬퍼해야 하겠는가?

그리스도께서 다시 살아나신 일이 없으면
너희의 믿음도 헛되고
너희가 여전히 죄 가운데 있을 것이요
또한 그리스도 안에서 잠자는 자도 망하였으리니
만일 그리스도 안에서 우리가 바라는 것이
다만 이 세상의 삶뿐이면
모든 사람 가운데 우리가 더욱 불쌍한 자이리라
그러나 이제 그리스도께서
죽은 자 가운데서 다시 살아나사
잠자는 자들의 첫 열매가 되셨도다
사망이 한 사람으로 말미암았으니
죽은 자의 부활도 한 사람으로 말미암는도다
아담 안에서 모든 사람이 죽은 것같이
그리스도 안에서 모든 사람이 삶을 얻으리라.

/ 고린도전서 15장 17-22절

바울은 기독교 전체의 신빙성을 예수님이 죽은 자 가운데서 부활하셨는지 여부에 걸었다. 기독교 신앙이 이생의 위안에 불과하다면 우리는 불쌍한 존재이며, 그리스도께 소망을 두고 죽은 자들은 영원히 망했다. 그러므로 기독교의 다른 어떤 가르침이나 주장을 생각하기 전에 핵심 질문은 이것이다.

"예수님은 죽은 자 가운데서 부활하셨는가?"

답이 긍정이라면 비록 고통이 따를지라도 앞길은 소망으로 이어진다. 답이 부정이라면 삶은 무의미하다. 어느 쪽이 맞는가?

○ 금요일 FRI ○

만일 땅에 있는 우리의 장막 집이 무너지면
하나님께서 지으신 집 곧 손으로 지은 것이 아니요
하늘에 있는 영원한 집이 우리에게 있는 줄 아느니라
참으로 우리가 여기 있어 탄식하며
하늘로부터 오는 우리 처소로 덧입기를
간절히 사모하노라
이렇게 입음은 우리가 벗은 자들로

발견되지 않으려 함이라

참으로 이 장막에 있는 우리가

짐 진 것같이 탄식하는 것은

벗고자 함이 아니요 오히려 덧입고자 함이니

죽을 것이 생명에 삼킨 바 되게 하려 함이라

곧 이것을 우리에게 이루게 하시고

보증으로 성령을 우리에게 주신 이는

하나님이시니라.

/ 고린도후서 5장 1-5절

바울은 사람이 죽으면 몸을 벗고 영만 남는다는 개념을 단호히 배격했다. 오히려 우리는 불멸의 몸을 덧입는다. 고린도전서 15장에도 그는 이 주제를 다루며 몸의 부활을 논했다.[42-54절] 요컨대 우리가 죽음을 통과해 들어서는 곳은 막연한 내세가 아니라 상상할 수 없이 기쁘고 충일한 삶이다. 사랑하는 이들은 우리를 떠나 어둠 속으로 가는 것이 아니라 빛 가운데로 들어간다.

여호와는 나의 목자시니
내게 부족함이 없으리로다
그가 나를 푸른 풀밭에 누이시며
쉴 만한 물가로 인도하시는도다
내 영혼을 소생시키시고
자기 이름을 위하여 의의 길로 인도하시는도다
내가 사망의 음침한 골짜기로 다닐지라도
해를 두려워하지 않을 것은
주께서 나와 함께하심이라
주의 지팡이와 막대기가 나를 안위하시나이다
주께서 내 원수의 목전에서 내게 상을 차려 주시고
기름을 내 머리에 부으셨으니 내 잔이 넘치나이다
내 평생에 선하심과 인자하심이
반드시 나를 따르리니
내가 여호와의 집에 영원히 살리로다.

/ 시편 23편

이 말씀에는 애통하는 이들을 위한 위로가 충망

라되어 있다. 사망의 음침한 골짜기를 걷게 되거든 당신을 거기로 인도하신 분이 목자이신 예수님임을 잊지 말라. 그분이 당신을 위로하시며, 다른 방법으로는 불가능했을 힘과 깊이와 성장을 여러모로 더해 주신다. 그러니 그분의 임재를 감사하고, 자기연민을 물리치고, 기도로 그분을 구하라.

설령 임재가 느껴지지 않더라도 그분은 곁에 계신다. 예수님도 모두에게 버림받으신 채 홀로 죽음을 맞이하셨다.[마 27:46] 덕분에 우리는 사랑하는 이의 죽음이나 자신의 죽음에 직면할 때 결코 혼자가 아니다.

ㅇ 일요일 SUN ㅇ

그러므로 이제 그리스도 예수 안에 있는 자에게는
결코 정죄함이 없나니
이는 그리스도 예수 안에 있는 생명의 성령의 법이
죄와 사망의 법에서 너를 해방하였음이라.

/ 로마서 8장 1-2절

많은 사람이 자신이 유죄 선고를 받았음을 모르거나 혹은 그게 얼마나 심각한 일인지를 모른다. 기껏해야 집요한 불안감 정도다. 그러나 죽음이 닥쳐오면 원수 마귀가 우리가 저지른 어마어마한 반역죄를 전부 까발릴 것이다. 그때 우리는 뭐라고 답할 것인가?

답은 하나뿐이다. 예수님이 형벌을 대신 치르시고 우리를 해방시키셨다는 것이다. 그래서 이제 우리 몫으로 남은 정죄는 없다. 기뻐하라!

추천 도서

- Joseph Bayly, *The View from a Hearse* (Elgin, IL.: David C. Cook, 1969).
- Elisabeth Elliot, *Facing the Death of Someone You Love* (Westchester, IL.: Good News Publishers, 1982).
- Timothy Keller, *Walking with God Through Pain and Suffering* (New York: Penguin/Riverhead, 2013). 팀 켈러, 《팀 켈러, 고통에 답하다》(두란노 역간).
- Timothy Keller. *Making Sense of God: Finding God in the Modern World* (New York: Penguin, 2016). 팀 켈러, 《팀 켈러의 답이 되는 기독교》(두란노 역간).

감사의 말

도서출판 바이킹의 편집자 브라이언 타트에게 평소보다 더 큰 감사의 마음을 전한다. 처제 테리의 장례식에서 내가 죽음에 대한 짤막한 묵상을 전했는데, 그 설교를 브라이언이 듣고 우리에게 이 내용을 책으로 펴내되 단권이 아니라 세 권의 소책자로 엮어, 태어남과 결혼과 죽음을 다루자고 제안했다(이 책은 이 소책자 세 권을 합친 특별 합본 에디션-편집자). 지난여름 폴리 비치에서 이 책의 집필을 가능하게 해 준 사우스캐롤라이나에 사는 많은 친구들에게도 감사의 마음을 전한다.

끝으로 아내 캐시에게 참 고맙다. 처제의 장례식에서 전한 설교("죽음에 관하여" 편-편집자)가 이렇게 책으로 탈바꿈한 것은 아내가 끝없이 교정하는 수고를 해 준 덕분이다. 공저자라 해도 과언이 아닌 아내에게 깊은 고마움을 표한다(단, "결혼에 관하여" 편은 캐시 켈러가 직접 함께 썼다-편집자).

태어남에 관하여

1

1. Derek Kidner, *Psalms 73-150: An Introduction and Commentary*, Tyndale Old Testament Commentaries, vol. 16 (Downers Grove, IL: InterVarsity Press, 1975), 502-503.
2. 크리스티 라즈(Christy Raj)가 C. S. 루이스(Lewis)의 우주 3부작을 바탕으로 실시한 흥미로운 성(性) 연구를 withhandsopen.com에서 볼 수 있다. 그녀의 게시물을 모두 읽어 볼 것을 권한다. 아울러 루이스의 《침묵의 행성 밖에서》(*Out of the Slient Planet*), 《페렐란드라》(*Perelandra*), 《그 가공할 힘》(*That Hideous strength*, 이상 홍성사 역간)을 읽으면 남성성과 여성성을 다룬 최고 수준의 도전적이고 유익한 고찰을 얻을 수 있다.
3. Jennifer Senior, *All Joy and No Fun: The Paradox of Modern Parenthood* (New York: HarperCollins, 2014), 43. 제니퍼 시니어, 《부모로 산다는 것》(알에이치코리아 역간).
4. Senior, *All Joy and No Fun*, 44. 제니퍼 시니어, 《부모로 산다는 것》(알에이치코리아 역간).
5. Senior, *All Joy and No Fun*, 8. 제니퍼 시니어, 《부모로 산다는 것》(알에이치코리아 역간).
6. C. S. Lewis, *Prince Caspian* (New York: Macmillan, 1951), 182. C. S. 루이스, 《캐스피언 왕자》(시공주니어 역간).
7. 동방정교회, 가톨릭, 성공회, 루터교, 장로교, 감리교 등 세계 기독교

교회 대부분은 유아 세례를 시행하지만, 물론 시행하지 않는 그리스도인도 수억에 달한다. 후자는 어느 정도 나이가 차서 스스로 신앙을 고백하는 사람에게만 세례를 베푼다. 여기서 유아 세례 찬성론을 펴려는 것은 아니다. 다만 거의 모든 그리스도인이 어떤 식으로든 이스라엘의 할례 및 기독교 유아 세례의 영적 취지를 이해하고 실천한다고 볼 수 있다. 둘 다 자녀를 하나님께 바치고 신앙 공동체 안에 받아들이며, 또 양육할 가정에 은혜 베푸시기를 바라고 기도하는 행위다.

8. 이런 문항이 인터넷에 여러 버전으로 올라와 있다. 분명히 교단마다 표현을 다듬어서 써 왔고, 어느 것이 원작에 가장 가까운지 알 수 없다. 내가 소개한 예는 약간씩 다른 여러 형태를 반영한 것이다.

9. Kim Tingley, "What Can Brain Scans Tell Us About Sex?," *New York Times Magazine*, 2019년 9월 18일.

10. 다음 책을 보라. James D. Hunter, *The Death of Character* (New York: Basic Books, 2001).

11. Hunter, *The Death of Character*, Part Three: Unintended Consequences, 153-227을 보라. "이미 증거가 충분히 나와 있거니와, 젊은 층에게 도덕 교육의 효과가 가장 오래가려면 그들이 사는 사회 세계가 일관되게 도덕 〔우주론〕을 구현해야 하며, 그 도덕을 규정하는 것이 공공선은 물론 개인의 선에 대한 명확하고 납득할 만한 인식이라야 한다. …… 이런 학교와 청소년 단체와 대형 공동체는 도덕 문화를 공유하고 통합하며 서로 강화해 준다. …… 말할 것도 없이 사회문화적 통합과 안정도가 이런 수준인 공동체는 오늘날 미국에서 찾아보기 힘들다"(p. 155).

12. Alasdair MacIntyre, *After Virtue: A Study in Moral Theory* (South Bend, IN: University of Notre Dame Press, 2007). 알래스데어 매킨타이어, 《덕의 상실》(문예출판사 역간).

13. 다음 책에 이 두 관점을 잘 정리해 놓았다. Kenneth Keniston & the Carnegie Council on Children, *All Our Children: The American Family Under Pressure* (New York: Houghton-Mifflin Harcourt Press, 1978).

14. Timothy Keller & Kathy Keller, *God's Wisdom for Navigating Life* (New York: Viking, 2016), 285. 팀 켈러, 캐시 켈러, 《팀 켈러, 오늘을 사는 잠언》(두란노 역간).

1. 짚어 둘 것이 있다. "하나님〔의〕 나라"라는 용어가 공관복음인 마태복음과 마가복음과 누가복음에는 빈번히 쓰였으나 요한복음에는 거의 등장하지 않는다. 요한복음 뒷부분에 잠깐 지나가듯 언급된 것 말고는 요한이 이 용어를 쓴 곳은 이 본문뿐이다. 그만큼 신약에서 말하는 거듭남이 하나님 나라의 개념과 밀접하게 연관되어 있다는 뜻이다.
2. "'거듭남'을 뜻하는 팔린게네시아는 …… 유대 저작보다 스토아 철학에 더 흔히 쓰이던 단어지만 〔구약의〕 종말론적 소망인 '새 하늘과 새 땅'(사 65:17; 66:22 등)을 요약하는 말로도 제격이다. …… 스토아 사상에서 이 단어는 주기적으로 일어나는 큰불로 반복적으로 잿더미가 되는 땅 위에 세상이 재건된다는 순환적 거듭남을 의미했다." R. T. France, *The Gospel of Matthew,* New International Commentary on the New Testament (Grand Rapids, MI: William B. Eerdmans Publishing Co., 2007), 742-743. R. T. 프랜스, 《NICNT 마태복음》(부흥과개혁사 역간).
3. 이번 단락은 다음 책을 많이 참고했다. Archibald Alexander, *Thoughts on Religious Experience* (Edinburgh, Scotland: Banner of Truth Trust, 1967), 21-31. 아키발드 알렉산더, 《영적 체험: 회심에서 임종까지》(지평서원 역간).
4. Alexander, *Thoughts on Religious Experience*, 64. 아키발드 알렉산더, 《영적 체험: 회심에서 임종까지》(지평서원 역간).
5. New American Standard Bible, NASB.
6. Larry Hurtado, *Destroyer of the Gods* (Waco, TX: Baylor University Press, 2016), 93-94. 래리 허타도, 《처음으로 기독교인이라 불렸던 사람들》(이와우 역간).
7. NASB의 표현이며 KJV에서도 "회심하지"(converted)로 번역했다. 다른 여러 역본에는 그냥 "돌이켜야"(turn) 한다고 되어 있으나 헬라어 원어 "스트라페테"는 이 방향으로 가다가 돌아서서 저 방향으로 가는 완전한 전환을 뜻한다. 예수님은 이 전환이 영적으로 "어린아이들과 같이 되는" 겸손한 신뢰를 뜻한다고 부연하셨다. 그래서 성경학자 레온 모리스는 "문맥상 〔단어 '스트라페테'는〕 삶 전체의 방향이 달라지는 것 즉 회심을 의미한다"고 썼다. Leon Morris, *The Gospel According to Matthew*, Pillar New Testament Commentary (Grand Rapids, MI: William B. Eerdmans Publishing Co., 1992), 459.

8. Martin Luther, *Luther's Works*, vol. 34 (St. Louis: Concordia, 1972), "Preface to Latin Writings," 336-337.

9. "이 '때'라는 단어는 매번 그분이 십자가에 죽으시고 그로 말미암아 높여지실 일(요 7:30; 8:20; 12:23, 27; 13:1; 17:1)이나 거기서 파생되는 결과(요 5:28-29)를 가리킨다. 따라서 여기서만 다른 의미로 해석한다면 부자연스러울 것이다." D. A. Carson, *The Gospel According to John* (Leicester, England; Grand Rapids, MI: InterVarsity Press; W. B. Eerdmans, 1991), 171. D. A. 카슨, 《요한복음: PNTC 주석 시리즈》(솔로몬 역간).

——— 3

1. John Newton, *The Works of John Newton*, vol. 1 (Edinburgh, Scotland: Banner of Truth Trust, 1985), 197-217. 본문에 인용한 편지는 "싹이 났을 때 주님이 주시는 은총", "이삭이 나올 때 임하는 은총", "이삭에 충실한 곡식" 등의 제목이 붙은 처음 세 통이다. 편지 제목에서도 알 수 있듯이 뉴턴은 그의 표현으로 각각 A, B, C 단계의 그리스도인을 다양한 은유로 묘사했다. 나는 그중 아동기와 사춘기와 성인기의 은유만 따왔다.

2. Newton, *The Works of John Newton*, vol. 1, 203.

3. Newton, *The Works of John Newton*, vol. 1, "On Grace in the Full Corn," 211.

4. Archibald Alexander, *Thoughts on Religious Experience* (Edinburgh, Scotland: Banner of Truth Trust, 1967), 159. 아키발드 알렉산더, 《영적 체험: 회심에서 임종까지》(지평서원 역간). 알렉산더에 따르면 절제가 율법주의로까지 치달아 "매일의 식사조차 주저하는 이들도 있다"(p. 159).

5. *William Cowper's Olney Hymns* (Minneapolis, MN: Curiosmith, 2017).

6. Alexander, *Thoughts on Religious Experience*, 160. 아키발드 알렉산더, 《영적 체험: 회심에서 임종까지》(지평서원 역간).

7. C. S. Lewis, *Mere Christianity* (New York: Macmillan, 1960). C. S. 루이스, 《순전한 기독교》(홍성사 역간).

8. "땅은 자주 내리는 비의 혜택으로 풍요롭고 비옥해져 풍작을 이뤄 내 사람을 이롭게 한다. 이렇게 땅의 본분을 다하는 것이 하나님의 복이다. 영적 생산성도 하나님의 은혜가 역사한다는 표시다. 인생의 땅에 자비의 비를 내리시고 또 농부로서 자신의 포도원을 경작하여(요 15:1) 자라게 하시는 이(고전 3:6 이하)가 하나님이시기 때문이다." Philip Edgcumbe Hughes, *A Commentary on the Epistle to the Hebrews* (Grand Rapids, MI: William B. Eerdmans Publishing Co., 1977), 222.

결혼에 관하여

1

1. "The Order for the Solemnization of Marriage," Presbyterian *Book of Common Worship* (Philadelphia: Presbyterian Board of Publication, 1906). 창세기 2장 22-24절에도 나와 있다.
2. Belinda Luscombe, "Why 25% of Millennials Will Never Get Married," *Time*, 2014년 9월 24일, time.com/3422624/report-millennials-marriage/.
3. 다음 책을 보라. Robert Bellah et al., *Habits of the Heart: Individualism and Commitment in American Life* (Berkeley & Los Angeles, CA: University of California Press, 2007).
4. Moana, "Where You Are," Mark Mancina & Lin-Manuel Miranda 작사(2016). 얄궂게도 지극히 서구적인 개인주의 방식이 비서구 문화에 속한 (허구의) 소녀에게 어설프게 덧씌워진다. 물론 예술적 표현의 자유를 보장해 줘야 하지만 그래도 공정하게 지적할 것이 있다. 현대 서구에 사는 일반적인 세상 사람들은 자신들의 세계관을 세상 전체 문화를 발전시킬 수 있는 보편 진리로 생각하며, 이 영화는 그 한 예다.
5. 다음 글에 인용된 말이다. Marissa Hermanson, "How Millennials Are Redefining Marriage," Gottman Institute, *Gottman Relationship Blog*, 2018년 7월 3일, www.gottman.com/blog/millennials-

redefining-marriage/.

6. 다음은 많은 연구의 단적인 예다. W. Bradford Wilcox, "The New Progressive Argument: For Kids, Marriage Per Se Doesn't Matter," Institute for Family Studies, 2014년 9월 15일, ifstudies.org/blog/for-kids-marriage-per-se-doesnt-matter-right/.
7. Wendell Berry, *Sex, Economy, Freedom, and Community* (New York: Pantheon, 1993), "Sex, Economy, Freedom, and Community," 119.
8. Joe Pinsker, "How Successful Are the Marriages of People with Divorced Parents?" *Atlantic*, 2019년 5월 30일.
9. Pinsker, "How Successful Are the Marriages of People with Divorced Parents?" 인용문에서 진한 글씨로 강조한 부분은 내가 추가했다.
10. Linda J. Waite et al., "Does Divorce Make People Happy? Findings from a Study of Unhappy Marriages," Institute for American Values, 2002년. http://www.americanvalues.org/search/item.php?id=13.
11. Pinsker, "How Successful Are the Marriages of People with Divorced Parents?"
12. Paula England, "Is the Retreat from Marriage Due to Cheap Sex, Men's Waning Job Prospects, or Both?" Institute for Family Studies, 2017년 11월 1일, ifstudies.org/blog/is-the-retreat-from-marriage-due-to-cheap-sex-mens-waning-job-prospects-or-both.
13. Kyle Harper, *From Shame to Sin: The Christian Transformation of Sexual Morality in Late Antiquity* (Cambridge, MA: Harvard University Press, 2016), 86. 아울러 그 책의 2장 전체인 "The Will and the World in Early Christian Sexuality," 80-133도 보라.
14. Courtney Sender, "He Asked Permission to Touch, but Not to Ghost," *New York Times*, 2018년 9월 7일.
15. Sender, "He Asked Permission to Touch, but Not to Ghost."
16. Sender, "He Asked Permission to Touch, but Not to Ghost."
17. 다음 기사에 인용된 말이다. Carolyn Kaufman, "Why Finding a Life Partner Isn't That Simple," *Psychology Today*, 2013년 4월 20일.
18. 덧붙일 말이 있다. 당신이 혼전 동거 중이라 해도(건강한 결혼 준비가 아니므로 그렇지 않기를 바란다) 이런 제안은 똑같이 적용 가능하다. 다음 책 "프롤로그" 부분을 보라. Timothy & Kathy Keller, *The*

Meaning of Marriage (New York: Penguin, 2011). 팀 켈러, 캐시 켈러, 《팀 켈러, 결혼을 말하다》(두란노 역간). 동거와 실제 결혼은 아주 다르다. "언제나 뒷문이 열려 있어" 문제가 심각해질 경우 그리로 나가면 그만이라는 생각을 늘 하고 있다면, 이는 관계를 구축하고 문제를 해결하고 가족을 부양하는 등의 수고로운 일을 굳이 지속할 필요가 없다는 뜻이다.

19. Judson Swihart, *How Do You Say "I Love You"?* (Downers Grove, IL: InterVarsity Press, 1977). 이 주제와 관련해 훨씬 잘 알려진 더 근래 인기 서적은 다음 책이다. Gary Chapman, *The 5 Love Languages: The Secret to Love That Lasts* (Chicago: Northfield Publishing, 2010). 게리 채프먼, 《5가지 사랑의 언어》(생명의말씀사 역간).

20. Swihart, *How Do You Say "I Love You"?*, 15.

2

1. John Newton & Richard Cecil, *The Works of John Newton*, vol. 6 (London: Hamilton, Adams & Co., 1824), 132-133.
2. C. S. Lewis, *The Four Loves* (New York: HarperCollins, 2017), 157. C. S. 루이스, 《네 가지 사랑》(홍성사 역간).
3. "우리의 배우자이신 하나님"이라는 주제를 집중 연구한 다음 책을 보라. Raymond C. Ortlund Jr., *God's Unfaithful Wife: A Biblical Theology of Spiritual Adultery* (Downers Grove, IL: IVP Academic, 2003).
4. 다음 책에 인용된 말이다. Henry Wace & C. A. Buchheim 편집, *First Principles of the Reformation* (London: John Murray, 1883). 다음 웹사이트에서 볼 수 있다. https://sourcebooks.fordham.edu/mod/luther-freedomchristian.asp.

3

1. Francis Schaeffer, *True Spirituality* (Wheaton, IL: Tyndale House, 2001), "The Fruitful Bride," 72-81. 프랜시스 쉐퍼, 《진정한 영적 생활》(생명의말씀사 역간).
2. 다음 책에서 다루는 논의를 보라. John Murray, *The Epistle to the Romans*, 합본판 (Grand Rapids, MI: William B. Eerdmans, 1971), 244, 특히 각주 7. 존 머리, 《로마서 주석》(아바서원 역간).
3. R. T. France, *The Gospel of Matthew*, The New International Commentary on the New Testament (Grand Rapids, MI: William B. Eerdmans, 2007), 840-841. R. T. 프랜스, 《NICNT 마태복음》(부흥과개혁사 역간).
4. France, *The Gospel of Matthew*, 839. R. T. 프랜스, 《NICNT 마태복음》(부흥과개혁사 역간).
5. C. S. Lewis, *The Four Loves* (New York: HarperCollins, 2017), 78-79. C. S. 루이스, 《네 가지 사랑》(홍성사 역간).
6. John Newton & Richard Cecil, *The Works of John Newton*, vol. 6 (London: Hamilton, Adams & Co., 1824), 132-133.

죽음에 관하여

서문 / 캐시 켈러

1. 새뮤얼 존슨(Samuel Johnson)이 한 유명한 말이다. 다음 책에 실려 있다. James Boswell, *The Life of Samuel Johnson, LLD* (New York: Penguin Classics, 2008), 231.

1

1. William Shakespeare, *Hamlet*, 4.3.30-31. "왕의 살을 파먹은 구더기를 누군가 낚시용 미끼로 쓸 수도 있다." 윌리엄 셰익스피어, 《햄릿》.
2. Ernest Becker, *The Denial of Death* (New York: The Free Press, 1973), 26. 어니스트 베커, 《죽음의 부정》(한빛비즈 역간).
3. Annie Dillard, *The Living: A Novel* (New York: HarperCollins, 1992), 141.
4. Howard P. Chudacoff, *Children at Play: An American History* (New York: New York University Press, 2007), 22.
5. Atul Gawande, *Being Mortal: Medicine and What Matters in the End* (New York: Metropolitan Books, 2014). 아툴 가완디, 《어떻게 죽을 것인가》(부키 역간).
6. Geoffrey Gorer, "The Pornography of Death," 2003. 다음 웹사이트에서 이 글을 볼 수 있다. www.romolocapuano.com/wp-content/uploads/2013/08/Gorer.pdf.
7. 다음 기사를 보라. David Bosworth, "The New Immortalists," *Hedgehog Review* 17, no.2 (2015년 여름호).
8. Richard A. Shweder, Nancy C. Much, Manamohan Mahapatra, & Lawrence Park, "The 'Big Three' of Morality (Autonomy, Community, Divinity) and the 'Big Three' Explanations of Suffering," 출전: Richard A. Shweder, *Why Do Men Barbecue? Recipes for Cultural Psychology* (Cambridge, MA: Harvard University Press, 2003), 74. 이 주제에 관해 더 자세히 알고 싶다면 다음 책을 보라. Timothy Keller, *Walking with God through Pain and Suffering* (New York: Penguin/Riverhead, 2013), "The Cultures of Suffering," 13-34. 팀 켈러, 《팀 켈러, 고통에 답하다》(두란노 역간).
9. Shweder, *Why Do Men Barbecue? Recipes for Cultural Psychology*, 125.
10. Mark Ashton, *On My Way to Heaven: Facing Death with Christ* (Chorley, UK: 10Publishing, 2010), 7-8.
11. Becker, *The Denial of Death*, xvii. 어니스트 베커, 《죽음의 부정》(한빛비즈 역간).
12. Becker, *The Denial of Death*, xvii. 어니스트 베커, 《죽음의 부정》(한

빛비즈 역간).

13. Albert Camus, *The Myth of Sisyphus and Other Essays* (New York: Alfred A. Knopf, 1955). 알베르 까뮈, 《시시포스 신화》(연암서가 역간).
14. Becker, *The Denial of Death*, 26-27. 어니스트 베커, 《죽음의 부정》(한빛비즈 역간).
15. 다음 두 자료를 보라. Julian Barnes, *Nothing to Be Frightened Of* (London: Jonathan Cape, 2008). 줄리언 반스, 《웃으면서 죽음을 이야기하는 방법》(다산책방 역간). Jessica E. Brown, "We Fear Death, but What If Dying Isn't as Bad as We Think?," *The Guardian*, 2017년 7월 25일.
16. Luc Ferry, *A Brief History of Thought: A Philosophical Guide to Living* (New York: Harper, 2010), 4.
17. Dylan Thomas, *In Country Sleep, and Other Poems* (London: Dent, 1952). 다음 웹사이트에서 이 시를 볼 수 있다. www.poets.org/poetsorg/poem/do-not-go-gentle-good-night.
18. 다음 기사에 인용된 말이다. Wilfred M. McClay, "The Strange Persistence of Guilt," *Hedgehog Review* 19, no.1 (2017년 봄호).
19. McClay, "The Strange Persistence of Guilt."
20. McClay, "The Strange Persistence of Guilt."
21. Andrew Delbanco, *The Death of Satan: How Americans Have Lost the Sense of Evil* (New York: Farrar, Straus and Giroux, 1995), 3, 9.
22. David Brooks, "The Cruelty of Call-Out Culture," *New York Times*, 2019년 1월 14일.
23. McClay, "The Strange Persistence of Guilt."
24. T. S. Eliot, *The Complete Plays of T. S. Eliot* (New York: Harcourt, Brace, and World, Inc., 1935), "Murder in the Cathedral," 43.
25. *Hamlet*, 3.1.87-88, 91. 윌리엄 셰익스피어, 《햄릿》.
26. 1970년에 애디슨 리치(Addison Leitch) 박사가 버크넬대학교에서 한 무리의 대학생들에게 했던 이야기로, 나도 그 자리에 있었다.
27. William L. Lane, *Hebrew 1-8*, Word Biblical Commentary vol.47 (Dallas, TX: Word Books, 1991), 55-58. 윌리엄 L. 레인, 《히브리서 1-8(상): WBC 성경주석 47》(솔로몬 역간).
28. C. S. 루이스의 《영광의 무게》(홍성사 역간)에 나오는 말로 다음

웹사이트에서 볼 수 있다. www.newcityindy.org/wp-content/uploads/2012/06/Lewis-Weight-of-Glory.pdf.

29. Margaret N. Barnhouse, *That Man Barnhouse* (Carol Stream, IL: Tyndale House, 1983), 186.

——— 2

1. 어떤 성경 주석이든 참조하라. 한 가지 예로 다음 책이 있다. George R. Beasley-Murray, *John*, Word Biblical Commentary, vol. 36 (Plano, TX: Thomas Nelson, 1999), 194. 비슬리 머리, 《요한복음: WBC 성경주석 36》(솔로몬 역간).
2. Homer, *The Iliad*, 24.549-551. 호머, 《일리아스》. 다음 책에 인용되어 있다. N. T. Wright, *The Resurrection of the Son of God* (Minneapolis, MN: Fortress Press, 2003), 2. 톰 라이트, 《하나님의 아들의 부활》(CH북스 역간).
3. Peter Kreeft, *Love Is Stronger Than Death* (San Francisco: Ignatius Press, 1979), 2-3.
4. Jonathan Edwards, *The Works of Jonathan Edwards*, "Sermon Fifteen: Heaven Is a World of Love"를 보라. WJE Online, Jonathan Edwards Center, Yale University, edwards.yale.edu/archive?path=aHR0cDovL2Vkd2FyZHMueWFsZS5lZHUvY2dpLWJpbi9uZXdwaGlsby9nZXRvYmplY3QucGw/Yy43OjQ6MTUud2plbw==.
5. William Cowper, "Sometimes a Light Surprises," 찬송가, 1779.
6. C. S. 루이스의 《영광의 무게》(홍성사 역간)에 나오는 말로 다음 웹사이트에서 볼 수 있다. www.newcityindy.org/wp-content/uploads/2012/06/Lewis-Weight-of-Glory.pdf.
7. John Flavel, *Pneumatologia: A Treatise of the Soul of Man, The Works of John Flavel*, vol. 3 (Edinburgh: Banner of Truth Trust, 1968), 121. 일부 표현은 현대어로 다듬었다.
8. 다음 책에 인용된 말이다. F. F. Bruce, *1 and 2 Thessalonians*, Word Biblical Commentary, vol. 45 (Plano, TX: Thomas Nelson, 1982), 96. F.

F. 브루스, 《데살로니가전후서: WBC 성경주석 45》(솔로몬 역간).

9. 예컨대 다음 책을 보라. N. T. Wright, *Resurrection of the Son of God*, 32-206. 톰 라이트, 《하나님의 아들의 부활》(CH북스 역간).

10. C. S. Lewis, *Mere Christianity* (New York: Macmillan, 1960), 174-175. C. S. 루이스, 《순전한 기독교》(홍성사 역간).

하나님의 약속을 붙들다 1

1. John Rippon, "How Firm a Foundation," 찬송가, 1787.

하나님의 약속을 붙들다 2

1. C. S. Lewis, *A Grief Observed* (New York: HarperOne, 2001), 63, 76. C. S. 루이스, 《헤아려 본 슬픔》(홍성사 역간).
2. Matthew Bridges & Godfrey Thring, "Crown Him with Many Crowns," 찬송가, 1851. 새찬송가 25장 〈면류관 벗어서〉.
3. Derek Kidner, *Psalms 1-72: An Introduction and Commentary* (Leicester, UK: Inter-Varsity Press, 1973), 157.

본문 그림

작가 빈센트 반 고흐
Vincent van Gogh (Dutch, 1853-1890)

작품명